상록수 2

심훈

SR&B(새로본닷컴)

심사정의 〈추경산수도〉

〈베스트 논술 한국대표문학(전60권)〉을 펴내며

어린 시절의 독서는 평생의 이성과 열정을 보장해 줄 에너지의 탱크를 채우는 일입니다. 인생의 지표를 세울 수 있는 가장 믿을 만한 방법이기도 합니다.

새로 접하는 사물의 이치를 터득하려면 그 정보를 대뇌 속에 담는 프로그램이 마련되어 있어야 합니다. 그 프로그램을 구축하는 가장 효과적인 방법이 지속적인 독서입니다. 독서는 책과 나의 쌍방향적인 대화이며 만남이며 스킨십입니다.

그러나 단순한 독서만으로는 생각하는 힘과 정확히 표현하는 힘을 키울 수 없습니다. 〈베스트 논술 한국대표문학〉은 이에 유의하여 다음과 같이 편찬하였습니다.

① 초·중·고 교과서에 실린 고전 및 현대 문학 작품부터 〈삼국유사〉, 〈난중일기〉, 〈목민심서〉 등 우리의 정신을 일깨워 주고 우리에게 지혜와 용기를 준 '위대한 한국 고전' 에 이르기까지 한 권 한 권을 가려 뽑았습니다.

② 각 권의 내용과 특성을 분석하여, '작가와 작품 스터디', '논술 가이드' 등을 덧붙여 생각하는 힘, 표현하는 힘을 키울 수 있도록 각 분야의 권위 학자, 논술 전문가들이 심혈을 기울였습니다.

③ 특히 현대 문학 부문은 최근 학계에서, 이 때까지의 오류를 바로잡아 정확한 텍스트를 확정한 것을 반영하였고, 고전 부문은 쉽고 아름다운 현대 국어로 재현하였습니다.

④ 각 작품에 관련된 작가의 고향을 비롯한 작품의 배경, 작품의 참고 자료 등을 일일이 답사 촬영하거나 수집·정리하여 화보로 꾸몄고, 각 작품의 갈피 갈피마다 아름다운 그림을 넣어, 작품에 좀더 친근감 있게 접근할 수 있도록 하였습니다.

이 〈베스트 논술 한국대표문학〉이 여러분이 '큰 사람', '슬기로운 사람' 이 되는 데 충실한 밑거름이 되기를 바랍니다.

〈베스트 논술 한국대표문학〉 편찬위원회

〈상록수〉의 고향인 충청 남도 당진군 송악면 부곡리

심훈

영화 〈먼동이 틀 때〉를
단성사에서 개봉할
무렵의 심훈(오른쪽)

〈상록수〉에 등장하는 실제 인물들(앞쪽 왼쪽에서 두 번째가 실제 주인공인 심재영)

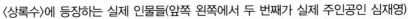

친구들과 함께한 심훈(오른쪽)

〈상록수〉의 실제 주인공인 심재영과 그의 아들

상록수 공원 내의 최용신 유물관

심훈의 〈그 날이 오면〉 시비

최용신 어록비

상록수 공원에 있는 어록비

상록수 공원에 있는 최용신을 기리는 글

심훈 선생 고택 기념비

상록수 공원에 있는 최용신 어록비

상록수 공원에 있는 최용신 추모비

경기도 안산 상록수 공원에 있는 〈상록수〉의 여주인공 최용신의 묘

차례

상록수 2

상록수 2

그리운 명절

"얘, 금분아."

"네에."

"넌 저 달이 뭐만큼 커 뵈니?"

"…… 양푼만해요."

"넌, 창례는?"

"…… 맷방석만한데요!"

"어유! 거지뿌렁하지 말아 얘. 어쩌면 저 달이 맷방석만하다니?"

"쟨 누구더러 거지뿌렁이래. 아, 그래 저 달이 양푼만하면 고 속에서 옥토끼가 어떻게 방아를 찧는단 말이냐?"

"그럼 얘야, 맷방석 속에서는 어떻게 방아를 찧니?"

마루 끝에 걸터앉아서 송편을 빚던 두 소녀는 팔월 열나흗날 밤 구름 한 점 없는 중천에 동뚜렷이* 떠오른 달을 눈 하나를 째긋하고 손가락

---

* 동뚜렷이 한결 뚜렷하게.

으로 재 보다가 서로 호호거리며 웃는다.

"그렇죠, 네? 선생님. 그런데 참 정말 저 달 속에서 옥토끼가 방아를 찧는대유?"

영신은 바늘을 잡았던 손을 쉬며 달을 유심히 쳐다보다가,

"그건 옛날부터 전해 내려오는 얘기란다. 그런 건 없어두, 커다란 망원경이란 걸 대고 보면 사람이나 짐승 같은 건 없지만, 달 속에도 산이 있고 시내 같은 게 있단다."

"그럼 그 물이 어디루 쏟아진대유?"

"아이구 그럼 어쩌나. 우리 머리 위로 막 쏟아지면……."

"아냐, 달 속의 냇물은 바짝 말라붙었단다."

"날이 가물어서요?"

"그럼 달 속엔 줄창 숭년만 들겠네."

"참 햇님은 신랑이고, 저 달님은 새색시라죠? 그게 정말이야유?"

계집애들이 줄달아 묻는 말에 영신은,

"글쎄…… 그런 건 다 지어 낸 말이니깐……."

하고 웃으며 우물쭈물하는 수밖에 없었다.

우주의 신비에 눈을 뜨기 시작한, 천진덩이인 아이들의 질문에 영신은 똑바른 대답을 해 줄 만한 천문학의 지식도 없지만 설명을 해 준대도 계집애들이 알아들을 리가 없었다.

그 동안 한곡리에서는 농우회관을 낙성하였다는 소식을 들은 영신은 슬그머니 성벽이 나서,

'청석골은 그보다 곱절이나 큰 학원 집을 짓고야 말겠다.'

는 야심이 불 일듯 하였다. 그러나 이제는 기부금도 걷지 못하게 되어서, 백방으로 생각하다가 추석날을 이용해서 이 시골 구석에서는 처음인 학예회 같은 것을 추석놀이 겸 열고, 다소간이라도 집을 지을 밑천을 얻으려고 두 달째나 그 준비에 골몰해 왔다.

오늘 저녁은 학예회에 출장할 아이들을 마지막으로 연습을 시켜서 돌려 보내고, 유희하는 데 나오는 여왕에게 씌워 줄 종이 면류관을 마분지로 오려 금지로 배접*을 해서는 그것을 꿰매고 앉은 것이다. 그 날 입힐 복색까지도 영신이와 원재 어머니가 며칠씩 밤을 새우며 꿰매 놓았다.

한편으로는 부인 친목계의 회원들이, 조석으로 한 숟가락씩 모은 쌀을 빻아 풋밤과 호박 고지를 넣고 시루떡을 찌고, 그들이 손수 심고 거두어들인 햇팥과 콩으로 속을 넣어 송편을 빚는데, 금분이랑 창례랑 집 가까운 아이들이 모여 와서 한몫을 본다.

이 떡은 내일 추석놀이가 끝이 나면 아이들에게 상급처럼 나누어 주려는 것이다.

영신은 달빛에 번쩍번쩍하는 가위를 놀리다가 몇 번이나 그 손을 쉬고 머리를 떨어뜨렸다. 금분이나 창례만할 때에, 그 때도 추석 전날 오늘처럼 달이 초롱같이 밝은데 낮에 동산에서 주워다 둔 밤과 풋대추를 가지고, 마루에서 사촌동생과 공기를 놀던 생각이 났다. 그것을 죽은 오라비에게 송두리째 빼앗기고 몸부림을 치며 울다가 어머니한테 꾸지람을 듣던 생각이 났다. 울다울다 지쳐서 잠이 들었다가 아침에 일어나 보니, 밤과 대추가 대소쿠리에 소복이 담겨서 머리맡에 놓여 있지 않았던가.

그 신기하던 생각이 바로 어제런 듯 눈에 선하다.

"애들아, 창가나 하나 하렴."

향수에 잠긴 영신은 면류관을 집어던지고, 방으로 들어가 손풍금을 들고 나왔다. 그것을 본 계집애들은 미리 신이 나서,

"선생님 뭘 허까유? '이태백이 놀던 달아'를 허까유?"

하면서 손뼉을 쳐서 떡가루를 털며, 영신의 앞으로 옹기종기 모여 앉는다.

＊배접(褙接) 종이, 헝겊, 널판지 등을 여러 겹 포개서 붙이는 일.

"왜 요전번에 가르쳐 준 거 있지? 내일 저녁에 너희 반에서 할 거 말야. 그 창가를 날 따라서 불러 봐."

"옳지, 난 알어. 그 창가 난 알어."

맨 꼬랑지에 앉았던 복순이가 내닫는다.

손풍금은 처음에는 '조선의 꽃'을 타다가, 어느덧 '갈매기의 노래'로 멜로디가 옮겼다.

제 손으로 고요히 반주를 해 가며 그 처량한 노래를 나직이 부르는 영신의 눈에는 고향의 산천과 한곡리 바닷가의 달밤이 번차례로 지나간다. 안개 속과 같이 아련히…… 꿈 속처럼 어렴풋이…….

그러다가 영신은 노래를 그치고, 손풍금을 힘없이 무릎 위에 떨어뜨리며 기다란 한숨과 함께 눈을 내리감았다. 계집애들은 멋도 모르고,

"아이 재밌다! 재밌다!"

하고 손뼉을 치는데, 평생을 외롭게 사는 원재 어머니도 처량한 생각이 들어서 행주치마 끈으로 눈두덩을 누르며 돌아앉았다.

그 날 밤 영신은 어머니를 꿈 속에 만나서 마주 붙들고 느껴느껴 울었다. 그러다가 새벽녘에는 동혁이와 첫날밤을 치르는 꿈을 꾸었다. 엄마가 그리워 헤매어 다니던 어린 물새처럼 지쳐 늘어진 날개를 그의 따뜻한 품 속에 조심스럽게 깃들인 꿈을…….

추석날은 장거리에서 물 위와 물 아래 동리를 편을 갈라서 줄을 다린다고 떠들어 댔다.

그러나 그리로는 장정들만 한 십여 명쯤 갔을까, 그 밖에는 청석골의 남녀 노소가 모두 예배당으로 모여들었다.

몇십 리 밖에서 단체를 지어 온 사람도 수십 명이나 된다. 말똥구리 굴러가는 것도 구경이라고, 구경이라면 머리악을 쓰고 덤벼드는 여편네들은 정각 전부터 예배당 마당이 빽빽하도록 모여들었다.

그 중에는 시집 올 때 입었던 단거리 비단 저고리 치마를 개켰던 자국도 펴지 않은 채 뻗질러* 입고, 두 눈구멍만 남기고는 탈바가지처럼 분을 하얗게 뒤집어쓴 새댁네도 섞였다.

그네들은 사철 동이를 이고 논 귀퉁이의 샘으로 물을 길러 다니고 이웃집에 마을을 다녀 본 것밖에 소위 명절날이라고 구경을 나서 보기는 이번이 처음이다.

예배당 벽을 의지하고 송판쪽으로 가설한 무대 좌우에는 커다란 남포를 켜고 검정 장막을 내려쳤다. 흙방 속에서 면화씨만한 등잔불에 눈이 어두운 사람들은 전등이란 구경도 못 하였지만 이 남폿불만 하여도 대명천지로 나온 것만큼이나 눈이 부시도록 밝았다.

청년회(그것도 근자에 영신이가 발설을 해서 조직을 한 것이다.)의 회원들과 부인 친목계의 회원들은 가슴에다가 종이꽃을 하나씩 꽂고 나섰다.

아이들은 앞줄에다 앉히고, 물밀듯이 달려들며 떠드는 구경꾼들의 자리를 정돈시키느라고, 거의 한 시간 동안이나 걸렸다.

동네에 있는 멍석과 가마니때기를 깡그리 몰아다가 깔았건만 땅바닥으로 밀려나간 사람이 태반이다. 나중에 온 사람들은 그 때 쫓겨나간 아이들처럼 담에서 넘겨다보고 뽕나무로 올라가는 성황을 이루었다.

영신이도 새 옷을 깨끗하게 갈아 입고 처음으로 분때를 다 밀었다.

"얘 오늘 저녁엔 우리 선생님이 여간 이뻐 뵈지 않는구나."

"언젠 우리 선생님이 숭하더냐? 분 한 번 안 바르시니깐 사내 얼굴 같지?"

무대 앞에 앉은 계집애들이 개막할 시간이 되어서 쩔쩔매고 오르내리는 영신을 쳐다보고 소곤거린다. 아닌게아니라, 오늘 저녁에 영신은 달빛에 보아 그런지 담 밖을 넘겨다보는 한 송이 목련화처럼 탐스러워

---

* **뻗지르다** 이 끝에서 저 끝까지 뻗쳐서 내지르다.

보였다.

"따르르……."

목각종 치는 소리가 나더니 막이 드르르 열렸다. 선생이 막 뒤에서 반주하는 손풍금 소리를 따라 공작새처럼 색색이 복색을 한 계집애들이 나와서 창가를 한다. 눈이 폭폭 쌓이는 날도 홑고쟁이를 입고 다니던 금분이가 연분홍 치마저고리를 입고 나와서 유희를 해 가며 가냘픈 목소리로 동요를 한다.

"흥, 아무튼 가르치구 볼께여."

"여부가 있나. 선녀들 놀음 같은걸."

늙은이 축에서도 매우 감탄하는 모양이다.

막은 몇 번이나 열렸다 닫혔다. 손뼉도 칠 줄 모르고 떠들던 구경꾼들은 평생 처음 구경하는 아이들의 재롱에,

'내 딸은 언제 나오나?'

하고 마른침을 삼키며 다음 순서를 기다린다.

휴식 시간이 지난 뒤에 학예회는 제2부로 들어갔다.

여자 상급반의 아이들이 나와서 가극 비슷한 여왕놀음을 하는데, 황금빛이 찬란한 면류관을 쓰고 옥좌 위에 가 점잖이 앉았던 옥례가, 서캐가 무는지 자꾸만 뒷머리를 긁다가 그 관이 앞으로 벗어졌다. 황급히 집으려는데 마침 바람이 홱 불어 종이 면류관은 떼굴떼굴 굴러서 무대 아래로 떨어지려고 한다.

옥례는 얼굴이 홍당무가 되어,

"에구머니 절 어쩌나!"

하며 그 관을 집으려고 허겁지겁 달려들다가 그만 미끄러졌다. 넘어졌다 일어나 보니, 면류관은 자반처럼 납작하게 찌부러졌다. 그것을 보자 마당에서는 떼웃음이 까르르 하고 터졌다.

어떤 마누라는 부처님 앞에 절을 하듯이 연방 합장을 하면서 허리를

잡는데 옥례는 엉엉 소리를 내어 울면서 무대 뒤로 뛰어 들어갔다.

끝으로 학생들의 흥부놀부 놀음도 여러 사람의 웃음보를 터뜨렸다. 흥부가 어색하게 달고 나온 수염이 붙이면 떨어지고 붙이면 떨어지고 하다가, 나중에는 머리카락으로 만든 수염이 콧구멍을 간질여서,

"에취!"

하고 재채기를 하는 바람에 수염은 몽땅 떨어져 달아났다.

여러 사람의 웃음은 한참 만에야 진정이 되었다. 이번에는 올해 일곱 살밖에 안 된 갓난이란 계집애가, 반은 선생에게 떠다밀려서 무대 한복판으로 나왔다. 커다란 리본을 단 머리를 숙여 나비처럼 곱다랗게 절을 하고는 딱 '기착*'을 하고 서서 두 눈을 깜박깜박하더니 은방울을 굴리는 듯한 목소리로,

"오늘 저녁에 아무것도 준비한 것이 없는데, 이처럼 여러분께서 많이
　　와 주셔서 감사합니다."

하고 부자연하게나마 글을 외듯이 한 마디를 하고는 말문이 막혀서 할끗할끗 뒤를 돌아다본다. 선생이 막 뒤에 숨어서,

"우리들이 살기는 구차하지만……."

하고 뚱겨 주는 소리가 여러 사람의 귀에까지 들린다.

"우리들이 살기는 구차하지만, 열심으로 배우면 이렇게 창가도 하고
　　유희도 할 줄 안답니다. 여러분, 여러분께서는 우리 강습소를 도와
　　주시고, 하루바삐 새 집을 커다랗게 짓고, 내년에는 그 집에서 추석
　　놀이를 썩 잘하게 해 주십쇼."

하고는 다시 절을 납작하고 아장아장 걸어 들어간다.

앵무새처럼 선생의 입내를 내는 것이 어찌나 귀여운지,

---

* 기착(氣着) 자세를 반듯하게 똑바로 서다. '차렷'에 해당하는 일본말.

"아, 고것 앙증도스러워. 조게 사봉이 딸년이지?"

하고 어떤 마누라는 한 번 안아나 주려고 무대 뒤로 쫓아 들어간다.

끝으로 손풍금 소리가 다시 일어났다. 아이들은 무대 위와 아래로 가지런히 벌려서서 일제히 목청을 높인다.

삼천리 반도 금수 강산
하나님이 주신 내 동산.

하고 제이백십구 장 찬송가를 부른다.

"일하러 가세! 일하러 가!"

하고 후렴을 부를 때, 아이들은 신이 나서 팔을 내저으며 발을 구르며 목청껏 소리를 지른다. 어느 틈에 원재를 위시하여 청년들과 친목계의 회원들까지 따라 불러서, 예배당 마당이 떠나갈 듯하다. 이 노래는 한 곡리서 '애향가'를 부르듯이 무슨 때에는 교가처럼 부르는 것이다.

찬송가가 끝나자, 원재 어머니는 회원들을 대표해서 먹글씨로 커다랗게 쓴 백지를 무대 정면에다가 붙이고 내려간다.

'일금 이백칠십 원야 청석동 부인 친목계원 일동'

이 종이쪽을 보고 놀란 것은 비단 학부형뿐이 아니다. 이 때까지 여러 사람 앞에 나타나지 않던 영신이도 무대 뒤에서 제 눈을 의심할 만큼 놀라서,

"저게 웬일이야요?"

하고 한달음에 원재 어머니의 곁으로 갔다.

"아까 회원들이 다 모인 김에, 우리가 입때꺼정 저금한 걸 새 집 짓는
데 죄다 내놓기로 했어요."

한다. 영신은 감격에 겨워 눈을 딱 감고는 아무 말도 못하고 돌아섰다. 영신의 덕택으로 호미와 절굿공이와 오줌동이밖에 모르고 지내던 자기

네부터 글눈을 떴거니와, 오늘 저녁에 자기네가 금지옥엽같이 기르는 자녀들이 그처럼 신통하게 재주가 있을 줄은 꿈에도 몰랐다. 평생 처음으로 크나큰 감동을 받은 그들은,

'오냐, 우리네 자녀도 가르치면 된다. 남부럽지 않게 개화를 한다.'

하는 신념을 얻었다. 그래서 원재 어머니의 발설로 몇몇 해를 두고 별별 고생을 다해 가며 푼푼이 모은 저금을 한 사람의 반대도 없이 송두리째 학원을 짓는 데 기부를 하게 된 것이다.

"허허, 이거 부인네들이 저 어려운 돈을 내났는데, 사내 코빼기라구 가만 있을 수 있나."

하고 늙은이들은 주머니 털음을 하고 타동 사람까지도 지갑을 뒤져서 당장에 칠 원 각수*가 모였다. 몇백 명 틈에서 단돈 칠 원! 그러나 그네들이 시재* 가진 돈이라고는 그밖에 없었다. 그것도 뜻밖의 큰돈인 것이다. 구경꾼들은,

'좀더 구경할 게 없나.'

하고 서운한 듯이 떠날 줄 모르다가 하나씩 둘씩 흩어졌다. 영신은 아이들의 옷과 유희하던 제구를 챙겨 넣은 뒤에, 어젯밤 늦도록 빚은 송편과 시루떡을 아이들과 함께 나누어 먹었다.

'아, 저이들두 이제는 저만큼이나 깨어 가는구나.'

하니, 저의 헌신적 노력이 갚아지는 듯, 다시금 감격에 겨워 몇 번이나 그 떡이 목에 넘어가지를 않았다.

일 년 중에도 가장 밝고 맑고 서늘한 추석날 저녁의 달빛은 예배당 마당으로 쏟아져 내린다. 영신은 아이들의 손을 잡고 그 달이 기울도록, 노래를 부르며 어린애와 같이 뛰놀았다. 기쁨과 행복이 온몸에 넘

---

* 각수(角數) '각'은 중국 돈의 단위. '원'을 단위로 돈을 셀 때, 남는 몇 전이나 몇십 전을 일컫는 말.
* 시재 사투리로 지금, 현재.

쳐서, 사랑하는 사람이 눈앞에 보이기만 하면 와락 달려들어 한바탕 머리를 꺼둘러 주고 싶었다. 뺨을 대고 그 기쁨을, 그 행복을 들비벼 주고 싶었다.

영신은 그 돈 이백칠십 원 중에서 반만 학원을 짓는 데 쓰리라 하였다. 그 돈을 다 들인대도 도저히 설계한 대로 지을 수 없지만 근근자자히* 모은 근로계의 돈을 내놓았기로, 냉큼 송두리째 집어 쓸 수는 없었던 것이다.

"우선 이것만 가지고 시작을 해 보겠어요. 시작이 반이라는데, 설마 중간에 못 짓게야 될라구요. 기부금 적은 것만 들어오면⋯⋯."

하고 회원들의 특별한 호의라느니보다 일종의 희생적인 기부금을 굳이 반만 쓰겠다고 사퇴를 하였다. 또 한편으로는,

'아무리 같은 통속이래두 잔약한 그네들에게만 의뢰를 하는 것은 근본 취지에 어그러진다. 내 힘으로 해야지, 내 힘껏 해 보다가 쓰러지는 한이 있더래두 전수 남의 도움만 받으려는 것은 우리네의 큰 결점이다.'

하는 생각이 들었던 것이다.

'자, 이젠 집을 짓는구나!'

하니, 그는 미리부터 흥분이 되어서 잠이 안 왔다. 어떻게 무엇부터 시작을 해야 할는지 엄두가 나지를 않아서 잠을 잘 수가 없었다. 그러나 교회에 관계하는 사람도 집짓는 데는 모두들 솜방*이라, 누구와 의논조차 해 볼 데가 없다.

'동혁 씨나 핑계김에 공사 감독으로 불러댈까? 한 번 집을 지어 본 경험이 있으니⋯⋯.'

---

* 근근자자히 매우 부지런하고 정성스럽게.
* 솜방 문외한. 어떠한 일에 전문적인 지식이 없는 사람.

하다가,

'아니다. 그건 공상이다.'

하고 어떻게든지 한곡리 회관보다 번듯하게 지어 놓은 뒤에, 낙성식을 할 때에나 버젓이 초대를 하리라 하였다. 그 때까지는 아무리 만나고 싶어도 꽁꽁 참으리라 하였다.

동네에 지위 명색이 두어 사람 있기는 하지만 닭의 장, 돼지우리나 고작해야 토담집이나 얽어 본 구벽다리*뿐이다. 영신은 생각다 못해서 삼십 리 길을 걸어서 장터로 목수를 부르러 갔다. 재목은 마침 근동에서 발매*를 하는 사람이 있다니까, 생목을 잡아 쓸 셈만 치고, 우선 안목이 있는 목수를 불러다가 의론이라도 해 볼 심산이었다.

영신은 수소문을 해서 면역소나 주재소 같은 관청일을 도급*으로 맡아 지었다는 젊은 목수 한 사람을 찾아보고는 무작정하고 데리고 왔다. 데리고 와서는,

"여보, 피차에 젊은 터이니, 품삯 생각만 하지 말구, 우리 모험을 한 번 합시다요. 우리 둘이서 이 학원 집을 짓는 셈만 치고 시작을 해서, 성공만 하면 당신의 이름도 나고, 큰 공익 사업을 하는 게 아니겠소?"

하고 학원을 시급히 지어야 할 사정과 돈이 당장에는 백여 원밖에 없다는 것을 툭 털어놓고 이야기를 한 후, 서랍 속에서 여러 가지로 그려 본 설계도를 꺼내어 보였다. 설계도를 한참이나 들여다보고 앉았던 서글서글하게 생긴 목수는,

"그러십시다. 제 힘껏은 해 봅죠. 돈 바라구 하는 일도 있구, 일 재미로 하는 일도 있으니깐입쇼."

하고 선뜻 대답을 하였다. 바다 밖으로까지 바람을 잡으러 다녀서 속이

---

* **구벽다리** '구년묵이'의 사투리. 여러 해 묵은, 오래 된 물건이나 사람.
* **발매** 산판의 나무를 한목에 베어 냄.
* **도급**(都給) 비용을 미리 정하고 도맡아 함.

터진 목수는, 영신의 활발한 첫인상도 좋았거니와 자기의 사사로운 일이 아닌데, 물정을 모르는 신여성이 삼십 리 밖으로 저를 데리러 온 열성에 감복하였던 것이다. 뿐만 아니라, 하삐*를 걸치고 짜개발을 하고는, 남의 지청구*만 받으며 따라다니던 사람이라, 처음으로 도편수*가 되어서 제 의사껏 일을 해 보게 되는데, 미리부터 어깻바람이 났던 것이다.

재목도 우거지 같은 떼를 써서 헐값으로 잡아서 실어 오고, 벽련*하는 꾼*에 자귀질, 톱질꾼까지 불러다가는 엉터리로 일을 시작하였다.

집터는 온 동리가 내려다보이는 예배당 맞은쪽 언덕에다가 잡았다. 어느 교인의 소유로 삼백여 평이나 되는 것을,

'돈이나 땅을 많이 가진 부자가 천당에 들어가기는, 약대*가 바늘구멍으로 들어가기보다도 어렵다.'

고 예수가 말한 비유까지 해 가면서 사뭇 강제로 빼앗다시피 하였다.

집터를 닦는 날은 한곡리만큼 풍성하지는 못하였다. 인심도 다르거니와 한창 벼를 베고 한편으로는 바심*을 하기 시작한 때라 장정은 얻어 보기가 어려웠다. 그래서 영신은 청년 회원과 아이들까지 총동원을 시켰다.

'체면이구 뭐구 볼 때가 아니다!'

하고 그는 다리를 걷고 버선까지 벗어 던지고 덤벼들었다. 주춧돌을 메고 목도질을 해 오려면 어깨의 뼈가 으스러지는 듯이 아팠다. 키동갑이나 되는 거성(큰 톱)을 당겨 주고 껍데기도 안 벗긴 물먹은 기둥 나무를 이리저리 옮기고 하느라고, 해뜰 때부터 어둑어둑할 때까지 봉죽을 들

---

* 하삐 일본인 노동자들이 즐겨 입는 옷.
* 지청구 아무 까닭 없이 남을 탓하고 원망하는 짓.
* 도편수 집을 지을 때 총책임을 맡는 목수의 우두머리.
* 벽련(劈鍊) 둥근 나무를 네모지게 대강 다듬은 뗏목의 한 가지.
* 꾼 전문가.
* 약대 낙타.
* 바심 집을 지을 재목을 연장으로 깎거나 다듬는 일.

어 주고 나면 허리가 참나무 장작이나 댄 것처럼 꼿꼿하고 뼈 끝마다 쏙쏙 쑤셔서 그 고통은 이루 형용할 수가 없었다.

"저러다 큰 병이나 나면 어떡허시려우?"

하고 부인네들은 쫓아다니며 한사코 말리건만, 영신이 자신부터 그런 일까지 나서서 하지 않으면 다른 사람들은 어정버정하고 일들을 안 한다. 또는 모군꾼* 한 사람의 품삯이라도 절약을 하는 수밖에 없었던 것이다.

달밤을 이용해서 영신은 모래를 날랐다. 들것을 만들어 가지고 청년들과 마주잡이를 해서, 시냇가의 모래와 자갈을 밤늦도록 나르기를 여러 날이나 하였다. 한창 기운의 남자도 힘이 드는 일을 하다가 몹시 피곤하면 시냇가 모래밭에 두 다리를 뻗고 주저앉아서 지쳐 늘어진 다리팔을 제 손으로 주물렀다. 그것을 본 계집아이들은,

"내 주물러 드릴게유."

"선생님, 내 주물러 드릴게유."

하고 달려들어 다투어 가며 선생의 팔을 주무르고 다릿마디를 쳐 준다.

영신은 마전*을 한 통무명을 펼쳐 놓은 것같이, 달빛에 비치는 시내를 내려다보다가 소녀 시대의 생각이 어렴풋이 나면,

"얘, 우리 소꿉질하련?"

하고 사기그릇 깨진 것이나 조약돌을 주워 모아, 제단을 만들었다 허물었다 하기도 하고, 모래로 성을 쌓기도 한다.

"두껍아 두껍아, 헌 집 주께 새 집 다구."

해 가며 도두룩하게 쌓아올린 모래를 토닥토닥 두드리기도 한다. 그러면 참 정말 소녀와 같은 기분으로 돌아가서 지나간 그 옛날을 추억하느

---

* 모군꾼 공사장 같은 데서 품팔이하는 사람.
* 마전 피륙을 삶거나 빨아서 바래는 일.

라고 비록 잠시나마 극도로 피곤한 것을 잊을 때도 있었다.

　토역을 할 때에도 손이 째면* 맨발로 들어서서 흙을 이기고, 죽가래를 들고 진흙을 섬겨 주느라면 땀이 철철 흘러서 눈을 바로 뜰 수가 없었다.

　동네 사람들은 틈만 있으면 모여들었다. 그러나 그네들은 집짓는 것을 조금이라도 거들어 주려고 오는 것이 아니요, 젊은 여자가 아슬아슬한 데까지 걷어붙이고 상일을 하는 것이 신기해서, 구경차로 모여드는 것이다. 남은 죽기 기를 쓰고 일을 하는 것을 입을 헤 벌리고 바라다보는 것을 보고,

　'왜 저렇게 얼이 빠진 사람처럼 멍하니들 섰을까.'
하고 혀를 끌끌 차면서도, 그는 비릿비릿하게 일을 도와 달라는 말은 한 마디도 안 하였다.

　……그럭저럭 집을 짓기 시작한 지 한 달이나 지나갔다. 젊은 목수는,

　'이런 일은 번갯불에 담배를 붙이듯이 해치워야지, 오래 끌수록 내 손해다.'
하고 다른 봉죽꾼들을 휘몰아서 일은 여간 빨리 진행이 되지를 않는다. 그래서 벌써 중방까지 꿰고 윗가지를 얽게 되었다.

　이 때까지 구경만 하던 동네 사람들도 영신이가 진종일 매달려서 일을 하는 것을 보고 매우 감동을 받아,

　"우리가 사내 명색을 하구, 그대로 볼 수는 없네."
하고 바심이 끝나자 와짝 모여들어서, 청솔가지를 꺾어다가 두툼하게 시리 물매*를 잡아 새*를 올리며, 일변 초벽까지 끝이 났다.

---

* 째다 일손이나 물질이 부족하여 일에 몰리다.
* 물매 지붕 낟가리 등의 경사진 정도.
* 새 억새 · 이엉 · 띠 등의 총칭.

억새

그 중에도 부인 친목계의 회원들은,

"채 선생님 혼자서 저렇게 일을 하게 내버려 뒀다간 참말 큰일나겠구료. 집안일은 못 해두, 우선 저 집버텀 지어 놔야 맘을 놓겠수."

하고 자기네 남편을 하나씩 끌고 와서 일이 부쩍부쩍 늘었던 것이다. 영신은 평생 소원이던 학원 집이, 비록 설계한 대로 되지는 않았어도 한 칸 두 칸 꾸며 나가는 데 재미가 나서 여전히 침식을 잊고 지냈다. 늙으신 어머니를 그리워할 겨를도 없고, 토요일 저녁이면 무슨 일이 있든지 동혁에게 꼭꼭 써 부치던 편지도, 두 번씩이나 거르기까지 하였다. 그래서 동혁에게서는,

너무 과도하게 노력을 하다가 병이나 나지 않았느냐?

고 매우 궁금히 여기는 편지가 연거푸 왔다. 영신은,

'아이, 내가 집짓는 데만 절망고*를 해서…….'

하고 어느 날 밤은 속눈썹이 쩍쩍 들러붙는 것을 참으면서, 그 동안의 경과를 소상히 적고 인제는 만날 날이 가까워 온다는 기쁜 소식을 전해 주었다.

두 달 열흘 남짓해서 '청석 학원'은 문패까지 걸게 되었다. 가장 돈이 많이 드는 내부의 수장은 손을 대지도 못하고 창에 유리도 끼우지 못하였지만, 이제는 마루까지 놓았으니까 급한 대로 쫓겨간 아이들도 수용할 수는 있게 되었다.

아이들은 새벽한 것이 미처 마르기 전부터 모여들었다. 그 아이들이 우리 속에서 뛰어나온 토끼처럼 넓은 마루에서 깡충깡충 뛰고 미끄럼을 타고 뜀박질을 하다 못해서, 펄떡펄떡 재주를 넘으며 좋아서 어쩔

---

* 절망고 일이 너무 바빠서 미처 다른 일을 돌볼 겨를이 없음.

줄을 몰라 하는 것을 볼 때, 영신은 기쁜 눈물이 옷깃을 적시는 것을 깨닫지 못하였다. 그 자리에 쓰러져 죽어도 눈이 감길 성싶었다.

낙성식을 하기 닷새 전을 기해서 영신은 동혁에게,

무슨 일이 있든지 그 날 꼭 와 달라.

는 편지를 썼다. 그러나 좋은 일에 마가 든다는 것은 이런 경우에 쓰는 말일까. 영신은 그 이튿날 아침 천만 뜻밖에도,

모친 위독 즉래

라는 급한 전보를 받았다.

그 날 밤으로 부랴부랴 길을 떠난 영신은 자동차에 시달린 몸을 기차에 실린 뒤까지도 놀란 가슴이 가라앉지 않았다.

기차는 그믐밤의 어둠을 가르며 북으로 북으로 숨가쁘게 달린다. 한 정거장 두 정거장이 휙휙 뒷걸음질을 쳐서 고향이 가까워 올수록, 불안과 초조는 점점 더해 가는데 앞에 앉은 사람이 누군지 거들떠보지도 않고 두 눈을 꽉 감은 채 생각에만 잠겼다.

'전보까지 쳤을 땐 암만해두 어머니가 돌아가신 거야.'

하는 방수끄런 생각까지 들었다. 그다지도 못 잊어하던 딸의 얼굴을 끝내 보지 못하고 외로이 숨을 거두는 어머니의 임종을 눈앞에 그려 보니 쌓이고 쌓였던 묵은 설움이 북받쳐올랐다.

김정근과의 혼인 일로 청석골까지 오셨을 때 이틀 밤을 울며 밝히시다가,

"넌 내 자식이 아니다."

하고 돌아서실 때의 그 쓸쓸하던 뒷모양! 자동차가 떠날 때 차창을 스치는 저녁 바람에 한 가닥 두 가닥 휘날리던 서릿발 같은 머리털! 정처 없이 굴러다니는 가랑잎처럼 마르고 찌든 그 노쇠한 자태!

"아아, 그 얼굴이 마지막이로구나!"

영신은 차창에 이마를 들비비며 소리를 죽이면서 흐느껴 울었다. 저 하나 공부를 시키려고 육십이 넘도록 생선 광주리를 내려놓지 못하시던 홀어머니를 다만 몇 달이라도 제 곁에 따뜻이 모시지 못한 생각을 할수록 저의 불효하였음이 뼈에 사무치도록 뉘우쳐졌다.

그러면서도 한편으로는 무슨 병환이 드셨는지는 몰라도 노환일 것 같으면 갑자기 위독하다는 전보까지는 치지를 않았을 터인데 수산 조합엔가 다니는 외삼촌이 한 집에 모시고 있으면서 여태껏 엽서 한 장 안해 주었을 리야 없지 않은가. 그럼 어느 해 여름처럼 뇌빈혈로 길거리에서 졸도나 하지 않으셨을까.

오만 가지 생각이 머릿속에 들끓어서 영신은 잠시도 눈을 붙이지 못하였다. 창 밖의 그믐밤보다도 마음 속이 더 캄캄한데 입술이 타도록 조바심이 나서, 좀 눕는 체하다가는 다시 일어앉았다 하는 동안에 기차는 북관 천리를 내처 달렸다.

기적은 동해변의 조그만 항구의 새벽 공기를 새되게 찢었다. 밤새도록 차창에 들비빈 머리를 빗어 올릴 사이도 없이 뛰어내렸건만, 플랫폼은 기차가 떠난 뒤처럼 휘덩그렇게 비었는데, 마중을 나온 몇 사람 중에서 영신을 맞아 주는 사람은 하나도 없다.

출찰구에는 여관 이름을 쓴 초롱을 켜 든 차인꾼*들이 양 옆으로 벌려 서서 졸린 듯한 목소리로 손을 끄느라고 법석이건만, 거기서도 영신의 손을 잡아 줄 사람은 아무리 둘러보아도 눈에 띄지 않았다.

---

* 차인꾼 남의 가게에서 장사하는 일에 시중드는 사람.

'마중을 나와 줄 경황도 없나 보다.'

하니, 영신은 한층 더 불안해졌다. 그는 막 전깃불이 나가서 황혼 때와 같이 으스레한 정거장 넓은 마당에서 머리를 들었다.

삼 년 만에 우러러보는 고향의 하늘! 그러나 영신은 아침 볕이 벌겋게 물들어 오는 동녘 하늘을 빡빡한 눈으로 쳐다보면서도 이렇다 할 감상이 일어날 마음의 여유가 없었다. 일 분 일 초가 바쁘게 집으로 가고는 싶건만 바다와는 반대 방향으로 오 리나 되는 언덕 밑까지 타박타박 걸어 올라가는 수밖에 없었다.

아직 점방의 문도 열지 않은 길거리를 도망꾼처럼 바스켓 하나를 들고 줄달음질을 쳐서 수산 조합까지 왔다. 그러나 외삼촌이 다니는 사무소의 문은 굳게 닫혀 있지 않은가! 영신은 문을 흔들어 보다가 뒤돌아서서 언덕 길로 올라가다가 뿡뿡 하고 달려드는 버스와 마주쳤다.

'참 그 동안 버스가 댕기게 되었다는 걸 까맣게 잊어버렸네.'

혼자말을 하고는, 되돌아오면 타고 갈 양으로 정류장 앞에 가 비켜서는데 등 뒤에서,

"영신 씨!"

하고 부르는 소리가 들렸다. 귀에 익은 목소리에 영신은 깜짝 놀라서 고개를 홱 돌렸다.

버스가 미처 정거를 하기도 전에, 허둥지둥 뛰어내리는 사내——, 그는 틀림없는 김정근이었다.

"아 웬일이세요?"

영신은 창졸간* 부르짖듯 하였다. 여기서 만나기는 천만 뜻밖이면서도 얼떨결에 정근이가 반갑기도 하였다.

＊ 창졸간(倉卒間) 미처 어찌할 수도 없는 사이.

"……."

검정 세루 신사 양복을 입은 정근은 모자를 벗고 은근히 인사를 하면서도 우물쭈물하고 얼핏 말대답을 못 한다.

"언제 이리로 오셨에요?"

영신은 정근이가 그 동안 이 곳의 금융 조합으로 전근이나 해 온 줄

알고 재우쳐 물었다. 정근은 여자의 날카로운 시선을 피하면서 지난 봄에 결혼 문제를 해결지어 달라고 청석골까지 갔을 때보다도 더 여윈 얼굴에 아침 볕을 모로 받으며,

"저……지금 마중을 나가는 길인데요. 버스가 고장이 나서……."
하고는 계집애처럼 머리를 숙이고 말끝을 맺지 못한다.

"마중을 나오시다뇨? 누굴요?"
영신은 더욱 이상스러워서 연거푸 묻는다.

"영신 씨가 오실 줄 알구……."

"아아니, 내가 올 줄 어떻게 아셨어요?"
영신은 한길에서 정근에게 불심 신문이나 하듯 한다.

"얘긴 차차 하구 집으루 가시지요."
정근은 영신의 집 방향으로 돌아서며 무슨 죄나 지은 사람처럼 비실비실 걷기를 시작한다.

영신은 그 뒤를 바싹 대서며,

"그럼 우리 집엔 가 보셨겠군요?"
하고 조급히 물었다. 정근은 어려서부터 이웃집에서 자라나서 영신의 어머니를 '아주망이' 라고 부르며 따르던 터이라 무슨 일로든지 여기까지 왔으면야 저의 집에를 들렀을 듯해서 물어 본 것이다.

정근은 여전히 선선하게 대답을 못 하고 버스를 기다리는 듯이 연방 정거장 편만 돌아다본다.

"아, 어머니가 위독하시단 전보를 받고 오는 길인데요, 왜 말씀을 못 하세요?"
영신은 갑갑해 못 견디겠다는 듯이 발을 멈추며 정근을 돌아다보았다. 정근은 그제야,

"아무튼 같이 갑시다. 대단친 않으시니 안심하시구요."
한다. 다년 책상 앞에 꼬부리고 앉아서 주판질을 하고 철필 끝만 달리

느라고 워낙 잔졸*하게 생긴 사람이 허리까지 구부정해졌는데 팔꿈치와 양복바지 꽁무니는 책상과 의자에 반질하게 닳아서, 걸음을 걷는 대로 번쩍거린다. 영신은 한 걸음 다가서며,

"정말 대단친 않으세요?"

하고 정근의 말을 흉내내듯 하였다. 어머니가 그 동안 돌아가지 않으신 것만은 확실해서 우선 마음이 놓이면서도,

'그럼 어째서 전보까지 쳐서 바쁜 사람을 불러 내렸을까.'

하는 의중이 더럭 났다.

"대체 전보는 누가 쳤어요?"

하고 의심에 빛나는 눈초리로 정근의 옆얼굴을 노려보는데, 등 뒤에서 버스가 달려왔다. 정근은 대답할 것을 모면하고 손을 들어 버스를 세우더니,

"타구 가십시다."

하고 저부터 뛰어오른다. 영신은 잠자코 그 뒤를 따라 올랐다.

영신은 멀찌감치 떨어져 외면을 하고 앉았다. 어머니의 소식을 대강이나마 안 담에야 여러 사람 틈에서 이 말 저 말 묻기도 싫어서 창 밖으로 눈을 돌렸다.

'얼마나 이상이 맞는 사람과 결혼을 해서 갖은 복록을 다 누리며 사나 두고 보자.'

고, 저주까지 하던 남자가, 어쩌면 저다지도 떡심이 풀린* 것처럼 풀기가 없을까? 왜 말대답도 시원히 못 할까? 대관절 여기는 무얼 하러 와서 나를 마중까지 나왔을까? 하니 눈앞에 앉은 정근이가 점점 더 의심스러워졌다.

어려서부터 학교에 다닐 때 보아 오던 거리에는 초가집이 거의 다 헐

---

* 잔졸(孱拙) 잔약하고 옹졸함.
* 떡심 풀리다 기진맥진하고 낙망하여 맥이 풀리다.

리고 얇다란 함석 지붕에 낯설은 문패가 붙었다. 무슨 양조장이니, 조선 요리 무슨 관이니 하는 커다란 간판만 눈에 띄는데 어머니가 생선을 받아 가지고 다니던 수산 조합 도매장을 지날 때에 생선 비린내만은 여전히 코에 끼쳤다.

'아아 우리 고향두 어지간히 변했구나!'

영신은 터져 나오는 한숨을 금할 수 없었다.

영신을 불러 내린 것은 정근의 조화였다. 영신이가,

"어머니!"

하고 집으로 뛰어들어가 보니, 어머니는 병들어 눕기는커녕 정지*에서 아침 반찬을 할 것인지 생선을 다루고 섰지 않은가.

"앙이 우리 영신이!"

하고 반색을 하며 마당의 아침 볕을 받으며 내닫는 어머니의 눈물이 글썽글썽해진 얼굴은 지난 봄에 보았을 때와 조금도 다름이 없다. 영신은 어머니가 반가운 것보다도 정근에게 속은 것이 몹시 불쾌해서 어머니에게 잡힌 손을 뿌리치며 바스켓을 마루 밑에다 내던지고는,

"난 어머니가 돌아가신 줄 알았구려!"

하고, 저의 뒤를 따라와서 구두끈을 끄르는 정근을 돌아다보고 눈을 흘겼다.

"에미래 숨을 몬다구나 해야 집에 오지비……."

딸의 성미를 잘 아는 어머니는 눈 하나를 찌긋하고 심상치 않은 영신의 기색을 살피면서,

"어서 구들루 들어가자야."

하고 어름어름한다*.

＊ 정지 '부엌'의 사투리.
＊ 어름어름하다 말이나 행동이 우물쭈물 똑똑하지 않게 하다.

"자네도 들어오랑이."

어머니는 정근이가 정말 사위나 되는 듯이 불러들였다. 정근이가 슬금슬금 곁눈으로 저의 눈치를 보며 들어와 윗목에 가 앉는 것을 보자, 영신은 발딱 일어서고 싶도록 불쾌해졌다. 양회 부대로 바른 장판만 들여다보고 입을 꼭 다물고 있으니까, 어머니는,

"어찌 저래 실룩해 썼소? 너 몇 해 만에 집에 온 줄 아능야? 그러다간 과연 에미래 죽어두 모르지 않켕이."

하고 흥분한 딸의 얼굴을 처음 보는 사람처럼 요모조모 뜯어보다가,

"앙이 어째 저러구 앉았기만 하오?"

하고 정근이더러 무슨 말이라도 꺼내라고 재촉 비슷이 한다. 그래도 정근은 꿀먹은 벙어리처럼 아무 말도 못 하고 넥타이만 만지작거리고 앉았는데 영신은 무릎을 세우며,

"어머니가 저렇게 정정하신데 전보를 친 사람이 누구야요?"

하고 반쯤은 정근을 향해서 새되게 쏘아붙인다. 속고 온 것보다도 어머니가 돌아가셨나 보아 애절 초절*을 하던 것이 몹시 분하였다. 그보다도 어머니를 살살 꾀이고 어수룩한 늙은이와 짬짜미*를 해 가지고 거짓말 전보를 친 정근의 비열한 태도가 주먹으로 그 핏기 없는 얼굴을 후려갈기고 싶도록 밉살스러웠다.

"그거사 차차루 알지비. 아척*이나 먹으면서 천청이 얘기하지비."

하고 어머니는 부엌으로 내려가서 수산 조합에 다니는 동생의 댁과 아침상을 차린다.

조금 있자 생선 굽는 냄새가 풍겨 들어오건만, 방 안의 두 사람은 피차에 쓰디쓴 얼굴을 하고, 말은커녕 마주 쳐다보지도 않는다. 밤새도록

---

* 애절 초절 몹시 슬프고 안타까워함.
* 짬짜미 남몰래 둘이서만 짜고 하는 약속.
* 아척 '아침'의 사투리.

기차 속에서 시달리면서 불안과 초조에 지지리 졸아붙은 듯하던 영신의 신경은 다시금 불쾌한 흥분으로 옥죄어드는 것 같다.

정근은 양복 앞자락의 먼지를 손가락으로 톡톡 튀기고 있다가,

"너무 불쾌하게 생각은 마세요. 전보는 어머니가 치라고 하셔서 치긴 내가 쳤지만……."

하고 간신히 한 마디를 꺼낸다.

"알았어요!"

영신의 대답은 얼음같이 차다.

"지난 봄의 그 편지 한 장으로는……."

"단념을 할 수 없었단 말씀이죠?"

"네……."

"그래서 어머니를 꼬드겨서 말짱한 노인이 돌아가신다고 거짓말 전보를 쳤군요?"

영신의 눈초리는 마주 쳐다보기 매섭도록 날카롭다. 방 안의 공기는 찢어질 듯이 빡빡한데, 어머니는 손수 딸의 아침상을 들고 들어왔다.

밥상이 들어오는 것을 보자, 영신은 발딱 일어나 밖으로 나가서 세수를 하고 들어왔다. 잠시 자리도 피할 겸 머리를 식히기 위함이었다.

오래간만에 모녀가 겸상을 하고, 정근은 산지기 모양으로 윗목에 가 외상을 받았다. 영신은 어머니가 그 동안 지낸 일과 수다스레 늘어놓는 잔 사설을 귀 밖으로 흘리며 입맛이 깔깔해서 밥은 두어 번 뜨는 둥 마는 둥 하고 물러앉았다. 어머니는 정근이가 너를 불러 내린 것이 아니라는 발뺌을 뿌옇게 하고는,

"여러 말 할 것 없당이. 이번에사 귀정*으 내야지 어찌겠능야. 앙이

---

* 귀정 결론. 결말.

몇몇 해를 두구서리 너만 고대한 사람으로 무쉴에 마다능야. 그건 죄

앙이 되갠? 난 이젠 저 사람이 안심치 않아 못 보겠다."

하고는 연방 딸의 눈치를 살핀다. 영신은 속아서 내려온 분도 채 꺼지

지 않았는데, 들어단짝* 그런 말을 꺼내는 어머니의 태도가 뚜쟁이만큼

이나 비열한 것 같아서 입술만 지그시 깨물고 있다가,

'직접으로 단판을 하고 말리라.'

하고 입 속으로 양치질을 하고 있는 정근의 편 쪽으로 반쯤 돌아앉았다.

"날 좀 보세요!"

여자의 말에 따라 정근은 뇌란 얼굴을 쳐들었다. 그러나 그의 시선은

다시 무릎 위로 떨어졌다.

"아무튼 위조 전보까지 쳐서 날 불러 내리신 건 비겁한 행동이야요.

더군다나 어머니가 돌아가신 줄 알고 속고 온 게 몹시 불쾌하지만 될

수 있는 대로 냉정하게 얘길 하겠어요."

하고 헛기침을 해서 목소리를 가다듬더니,

"원체 사랑이라는 건요, 한편 쪽에서 강제할 수는 없는 거구요, 또는

상대자의 사정을 봐서 제 몸을 바칠 수도 없는 줄 알아요. 그건 동정

이지 진정한 사랑은 아니니까요."

하고 설교를 시작하듯 한다. 정근은 그제야 영신의 얼굴을 똑바로 쳐다

볼 만큼 용기를 냈다.

"나도 그만 걸 모르는 건 아니에요. 그렇지만 어려서부터 단단히 믿

어 오던 터에, 편지 한 장으로야 첫번 사랑하던 사람을 단념할 수가

있어요? 그런데 집에선 결혼 문제로 너무나 귀찮게 구니까, 좌우간

탁방*을 내려고 일테면 비상 수단을 쓴 겐데……."

하고는 바늘 방석에나 앉은 것처럼 불안해한다.

---

* 들어단짝 단도직입적으로. 곧바로 거두절미하고.
* 탁방(坼榜) 일의 결말을 냄.

영신은 남자의 앞으로 조금 몸을 다그며* 눈을 아래로 깔고,

"나 역시 정근 씨한테 미안한 생각이 없진 않아요."

하고 진심으로 동정하는 빛을 보이더니,

"하지만 우리 두 사람의 관계는 첨부터 나빴어요. 당자의 장래는 어떻게 될는지 모르고 부모들이 덮어놓고 혼인을 정했다는 건, 다시 비판할 여지도 없지만 개성에 눈을 뜬 우리가 옛날 어른들의 약속을 지켜야만 할 의무는 손톱 끝만큼도 없어요. 그렇지 않아요?"

하고 억지로 평화스러운 얼굴빛을 짓는다.

"그렇지만……."

"그렇지만 뭐야요?"

"난 오늘날까지도 영신 씨 한 사람만을 사랑하고 있는데……."

이번에는 영신이가 대답에 궁한 듯 입을 뾰족이 다물고 있다가,

"나 같은 여자를 그다지 꾸준하게 사랑해 주신다는 데는, 고맙다고 해야 할지 미안스럽다구 해야 할지 모르겠어요."

하고 여전히 눈을 내리깔고 있다가 목소리 보드랍게,

"정근 씨!"

하고 손톱 여물을 썰고 있는 남자의 얼굴을 쳐다본다.

"그런데 두 사람 중의 한 편의 짝사랑만으로 결혼이 성립될 수가 있을까요?"

그 말에 신경질적인 정근의 눈초리가 샐쭉해졌다.

"그야 성립될 수야 없겠지요."

하고 영신의 얼굴에 구멍이라도 뚫을 듯이 똑바로 노려보더니,

"도대체 어째서 뭣 때문에 나를 사랑할 수 없다는 거야요? 그 까닭이나 똑똑히 말해 주세요."

---

* 다그다 가까이 옮기다.

하고 바싹 다가앉는다.

　단 둘이서만 이야기할 기회를 주려고 어머니는 자리를 피해서 영신과 정근은 피차에 최후의 담판을 개시하였다. 그러나,
　'무슨 까닭으로 나를 사랑하지 않느냐?'
는 어리석은 듯하고 거북한 질문에는 얼른 대답이 나오지 않아서 영신은 잠시 주저할 수밖에 없었다.
　"사람의 감정이란 인력으로 억지로 못 하는 거야요. 하지만 난 인간적으론 정근 씨를 싫어하지 않아요."
　"그럼요?"
　정근은 약빨리 말끝을 채뜨린다.
　"일이 기왕 이렇게 됐으니 솔직하게 말씀드리죠."
하고 영신은 무슨 셈을 따지듯 엄지손을 꼽는다.
　"첫째, 돈을 모아서 저 한 사람의 생활 안정이나 꾀하려는 정근 씨의 이기주의가 싫어요!"
　"이기주의가 싫다구요? 우리에겐 경제 생활의 토대가 없으니까 따라서 문화도 없는 게지요. 그러니까 우린 첫째 돈을 모아 가지고 모든 걸 사야만 해요. 결국은 모든 걸 돈이 지배하고 해결을 짓는 게니까요."
　"그건 퍽 영리하고도 아주 현실적인 사상인진 모르지만요, 제 목구멍이나 금전밖에 모르는 호인*이나 유태 사람은 되고 싶지 않아요. 저라는 개인 이외에 사회두 있구 민족두 있으니까요."
　"암만 사회를 위하느니 민족을 위하느니 하고 떠들어도 우선 돈을 안 가지곤 무슨 일이든지 손도 대 볼 수 없는 게 엄연한 사실인데 어떡허나요?"

＊ 호인(胡人)　만주 사람.

"물론 돈이 필요하지요. 그렇지만 우린 필요한 것과 귀한 걸 구별할 줄 알아야겠어요. 더군다나 계몽 운동이나 농촌 운동은 다른 사업과 달라서, 오직 정성으로 혈성*으로 하는 게지, 돈을 가지고 하는 건 아니니까요. 실상 우리 같은 새빨간 무산자가 꿈에 광맥이나 발견하기 전엔, 돈을 모아 가지고 사업을 한다는 건, 참 정말 공상이지요. 사실 남의 고혈을 착취하지 않고서 돈을 모은다는 건, 얄미운 자기 변호에 지나지 못하는 줄 알아요."

이 말에 정근은 불복인 듯 상체를 뒤흔들며,

"천만에, 그렇지 않……."

하는데, 영신은 갑자기 손을 들어 정근의 말문을 막으며,

"여러 말씀 할 게 없어요. 누가 무슨 말을 하든지 내 신념만은 굽히지 않을 테니까요. 그리고 둘째는요……."

하고 바로 정근의 턱 밑에서,

"난 지금 연애니 결혼이니 하는 문제를 생각할 겨를이 없어요! 오해하시면 안 됩니다. 이것도 핑계가 아니고 사실이야요. 내가 청석골에다가 이 일 저 일 벌여 논 걸 직접 보셨지만, 지금 학원 집을 엉터리로 지어 놓고 허리가 휘도록 빚을 졌는데요, 바로 낼모레가 낙성식을 할 날이야요. 한눈을 팔기는커녕 죽을래야 죽을 틈이 없는 터에, 연애는 뭐고 결혼은 다 뭐야요."

말이 여기까지 이르자, 부드럽던 영신의 말씨는 점점 여무져* 가고, 잠 한숨도 못 자서 흐릿하던 눈에서는 영채가 돈다.

정근은 질문할 말도 대답할 말도 궁해서 과식한 사람처럼 어깨로 숨만 가쁘게 쉬고 있다가,

"그럼 모든 게 안정된 장래까지도 생각을 다시 고칠 수가 없을까요?"

---

* 혈성(血誠) 진심에서 우러나오는 정성.
* 여무지다 모질고 여물다.

하고 은근히 후일을 기약하자는 뜻을 보인다. 영신은 그 말대답도 서슴지 않았다.

"장래까지도 다시 생각할 여지가 없어요! 난 내 맘대로 약혼한 남자가 있으니까요."

"네? 정말요?"

정근은 입을 커다랗게 벌리며 몸을 반쯤이나 일으켰다. 영신이가 약혼을 하였다는 것을 여태까지 한낱 핑계로만 여겼던 것이다.

"박동혁이라구 저어 한곡리라는 데서 농촌 운동을 하는 사람인데요. 돈은 한 푼두 없어도 황소처럼 튼튼하고 건실한 동지입니다. 올 봄에 그이의 일터로 찾아가서 앞으로 삼 년 계획을 세우고 왔어요. 그래서 정근 씨한테 단념하라는 편지를 한 거야요."

하고는,

"마지막으로 한 마디 해 주고 싶은 말이 있어요."

하고 목소리를 흠씬 낮추어 가지고,

"어려서버텀 한 고장에서 자라났구, 또는 여러 해 동안 나 같은 여자를 유념해 주신 정분으로 충고를 하는 건데요, 정근 씨가 지금 같은 개인주의를 버리고 어느 기회에든지 농촌이 아니면 어촌이나 산촌으로 돌아가서, 동족이나 같은 계급을 위한 일을 해 주세요! 우리 같은 청년 남녀가 아니면 뉘 손으로 그네들을 구원해 냅니까?"

영신의 목소리에는 정근의 머리가 저절로 수그러들 만한 열과 저력이 있었다. 두 사람은 함께 묵묵하였다. 그러다가 영신은 인제 더 할 말이 없다는 듯이,

"난 좀 자야겠어요."

하고 일어서더니, 윗칸으로 올라가 턱 누워 버린다.

점심때가 훨씬 겨워서 영신은 동혁이가 청석골로 와서 기다리는 꿈을

꾸다가 소스라쳐 깼다. 눈을 비비며 아랫방으로 내려가 보니, 정근은 그림자도 찾을 수 없는데, 어머니 홀로 벽을 향해서 훌쩍훌쩍 울고 누웠다.

"어머니, 그이 어디 갔수?"

하고 딸은 어머니의 어깨를 흔들었다.

"뉘 아능야, 내게두 말없이 가방을 들구 나갔당이."

어머니는 돌아누운 채 울음 반죽으로 대답을 한다. 영신은 그 곁에 한참이나 잠자코 앉았으려니, 저에게 너무나 매정스럽게 퇴짜를 맞고, 다시 머나먼 길을 인사도 안 하고 떠나간 정근이가 가엾은 생각이 들었다.

'차차 그이한테두 좋은 배필이 생기겠지.'

하고 눈을 내리감고는 그의 장래를 마음 속으로 축복해 주었다. 그러다가 어머니의 뼈만 남은 손을 잡으며,

"어머니!"

하고 불렀다.

"어째 그리능야?"

어머니는 그제야 반쯤 돌아눕는다.

"너무 그렇게 섭섭해 하지 마슈. 그 사람보다 더 잘나고 튼튼한 사윗감을 보여 드릴게, 응."

하고 영신은 응석조로 늙은 어머니를 위로한다.

"사윗감이사 어디 없겡이. 그러나 정근이만큼 어려서부터 정이 들구 얌전스리 구는 사람이 그리 쉬운 줄 아능야."

하더니,

"네 그럴 줄이사 몰랐지. 에미 마지막 소원두 끊어지구……."

하는 어머니의 눈은 또 질금질금해진다.

"글쎄 그렇게 언짢아하지 마시라니깐. 어느 새 무슨 소망이 끊겼다구 그러슈. 몇 해만 눈 꿈쩍하구 기다려 주시면 내가 잘 뫼시고 살 텐데……."

"듣기 싫다야. 내사 하도 여러 번 속았다. 이전 금방석으로 태운대두 곧이들리지 않는당이."

하고 한숨만 들이쉬고 내쉬고 한다. 영신은 동혁이와 약혼을 하기까지의 자세한 경과와 청석 학원을 짓느라고 죽을 힘을 다 들인 이야기를 좍 하고 나서,

"나는 물론 어머니가 낳아서 길러 주신 어머니의 딸이지만 어머니 한 분의 딸 노릇만은 할 수 없다우. 알아들으시겠수? 어머니 한 분한텐 불효하지만, 내딴엔 수천 수만이나 되는 장래의 어머니들을 위하여 일을 하려고 이 한 몸을 바쳤으니까요. 그러는 게 김정근이 하나한테만 이 살덩이를 맡기는 것보다 얼마나 거룩하구 뜻있는 일인지 몰라요. 네 그렇죠? 어머니!"

어머니는 일어나 앉으며 파뿌리 같은 머리카락을 손가락으로 쓰다듬어 올리더니,

"모르겠다. 내사 평생을 이렇게 혼자 살란 팔자지비……."

하고는 다시 말이 없다.

"어머니, 그럼 우리 청석골로 갑시다. 아무려면 어머니 한 분이야 굶겨 드리겠수?"

"싫당이 싫어!"

어머니는 그것도 생각해 보았다는 듯이, 체머리를 앓는 사람처럼 머리를 흔든다.

"밥술을 놓는 날까지는, 내 앙이 벌어 먹으리. 네 입 하나 감당을 하기두 어려운데 이까짓 쓸데없는 늙은이, 무얼에 쫓아가겡이. 네 출가하는 날꺼지 살기나 하문, 그제나 구경을 가지비."

그 말에 영신은 참았던 눈물이 핑 돌았다.

얼핏 저고리 고름으로 눈두덩을 누르고 온몸의 용기를 내어,

"아무튼 내가 없인 낙성식을 못할 테니깐 저녁차로 떠나야겠수."

하고 차마 하기 어려운 말을 꺼냈다.

"앙이, 오늘 나조루 떠나? 정말잉야? 어미허구 하룻나조 자 보지두 앙이하구……."

마르고 주름잡힌 어머니의 얼굴은 무한한 고독과 섭섭한 빛에 뒤덮인다. 딸은 그 얼굴을 마주 쳐다보다가,

"그럼 어떡허우? 어머니, 그럼 난 어떡허우?"

하고 목소리를 떨다가 어머니의 무릎에 이마를 들비비며 느껴느껴 울었다.

……어머니는 정거장까지 배웅을 나왔다.

호각 소리가 들리고 기차* 바퀴가 구르기 시작하는데 치맛자락을 들치고 다 떨어진 주머니를 끄르며 따라오더니, 딸이 얼굴을 내민 차창으로 그 주머니를 들어뜨리고는 잠자코 돌아섰다.

그 주머니 속에는 생선 광주리를 이고 다니면서 푼푼이 모아 넣은 돈이 묵직하게 들어 있었다.

반가운 손님

낙성식에 와 달라는 영신의 청첩을 받은 동혁은 저의 일과 조금도 다름이 없이 기뻤다.

'아무렴 가구말구. 오지 말래두 갈 텐데…….'

하고 혼자말을 하면서 벽에 붙은 달력을 쳐다보았다.

'내일은 떠나야겠는걸.'

---

* 기차(汽車) 증기 기관차나 디젤 기관차로 여객이나 화물을 실어 나르는 철도 차량.

증기 기관차

하고 노자를 변통할 궁리를 하였다. 추수라고는 하였지만, 잡곡을 섞어 먹는대도 내년 보리 때까지 댈 양식조차 없었다. 간신히 계량이나 하던 것을 그야말로 문전의 옥답을 반나마 팔아서 강 도사 집의 빚을 청산하였기 때문에, 풍년이 들었어도 광 속에는 벼라고 겨우 대여섯 섬밖에는 들어가지 못하였다.

각종 세금과 비료대와 곗돈과 온갖 추렴이며 동화가 각처 주막에 술값을 진 것과 일 년 동안에 든 가용을 따지고 보면, 그 벼 몇 섬까지 마저 팔아도 회계가 닿지를 않는다.

노인을 모신 사람이 생선철이 되어도 비린내조차 맡아 보지를 못하고 제법 광목 한 필 사들인 적이 없건만 씀씀이는 논 섬지기나 할 때보다 더 줄지를 않는다. 그것은 동혁이가 집안일에만 매달리지 않는 까닭도 다소간은 있겠지만, 소위 자작농이 그러하니, 남의 소작을 해 먹는 사람들은 참으로 말이 못 된다.

회원 중에도 건배는 실농군도 되지 못하지만 남의 논 한 마지기도 못얻어 하는 사람이라 가을이 원수 같았다.

"난 타작 마당에서 빗자루만 들고 일어서는 꼴을 당하지 않으니까 배포만은 유하거든."

하고 배를 문질러 보았지만, 그 뱃속에서는 쪼르륵 소리가 나는 것이다. 실상은 삼사 년씩 묵은 빚만 대추나무에 연 걸리듯 해서 어떻게 해야 할는지 도무지 엄두가 나지를 않는 모양이다. 그는 입버릇처럼,

'노름하다 밤샌 건 제사 지낸 셈만 치구, 돈 내버린 건 도둑맞은 셈만 치면 고만이지.'

하고 제 손으로 패가한 것을 변명하며 낙천가의 본색을 발휘하지만, 실상은 어린것들의 작은창자조차 곯리는 때가 많다.

생활의 안정을 얻지 못하는 그는 동네 일을 한다고 덜렁거리고 다니기는 해도, 노상 횃대에 오른 오리 모양으로, 어느 때 어느 바람에 불려

서 어디로 떠 달아날지 모를 것 같은 기색이 올 가을부터 현저히 보일 때, 유일한 친구인 동혁의 마음은 어두웠다.

제 코가 석 자 가웃이나 빠져서, 물질로 도와 줄 수는 없는데, 그렇다고 끼니를 굶고도 먹은 체하고 농우회 일을 보는 것이 여간 마음 아픈 것이 아니다. 회의 일만 해도 그렇다. 회원들이 그렇게 집안의 괴로움을 무릅쓰고 일을 하건만, 실상 생기는 것이라고는 드러내어 말할 것이 못 된다.

공동답의 수확은 작년보다 대여섯 섬이나 늘었다. 개량식으로 지은 보람이 있어 재미가 나고 구식만 지키는 사람들에게 경종도 되지만 한 마지기에 석 섬 마수*나 타작을 하였대도 반은 답주인 강 도사 집으로 들어가니 그것을 나누면 한 사람 앞에 한 가마니도 차례가 가지 못한다. 그것이나마 회관의 비용을 쓰려고 팔아서 저금을 하는 것이니 실속을 따지고 보면 헛수고를 한 셈이다. 회원들은,

"이거 너무 섭섭해서 안됐는걸."

하고 겨우 고무신 한 켤레와 삽 한 자루씩을 사서 나누었을 뿐이다.

그러나 한 길이나 되는 볏단을 조리개로 큼직하게 묶어서 개상에다가 둘러메치자, 싯누런 몽근 벼가 와르르 쏟아질 때 회원들은 재미가 쏟아졌다. 도급기*의 으르렁거리는 소리가 바심꾼들의,

"어거 —— 띠—— 윗윗."

하고 태질을 하는, 그 기운찬 소리를 들을 때 황금가루로 뫼를 쌓아 놓은 듯한 벼무더기 속에 발을 푹 파묻고 벼를 끌어 담으며,

"……두 말이요 ——, 두 말. 서 말이요 ——, 서 말 ——."

하는 처량스러운 듯한 소리를 들을 때만은,

"아이구 이걸 다 남을 주다니……."

＊마수 곡식 따위를 말로 된 수량.
＊도급기(稻扱機) 벼훑이. 벼를 훑어 내는 데 쓰던 재래식 농기구.

하고 분한 생각이 들어 한탄을 마지않으면서도, 한편으로는 대견하기도 해서 잗다란 걱정을 잊을 수 있었다.

……노자를 변통할 궁리를 하던 동혁은,

'적어도 십 원 한 장은 가져야 할 텐데……'

하고 입맛을 다셨다. 그러나 언뜻 눈앞에 나타난 것은 기만의 얼굴이었다. 그러나,

'치사하게 그자한테 돈을 취해 가지고 가긴 싫다.'

하고 튼튼한 두 다리로 걸어서, 산을 넘고 물이라도 건너갈 결심을 하였다.

낙성식 전날 영신은 십 리도 넘는 자동차 정류장까지 마중을 나갔다. 의외로 근친*을 하였기 때문에, 그럭저럭 사흘 동안이나 빠져서 갑자기 준비를 하느라고 잠시도 떠날 사이가 없건만, 별러별러 찾아오는, 더구나 청해서 오는 사랑하는 사람을 앉아서 맞을 수는 없었던 것이다.

낮차에서 헛걸음을 치고 돌아와서,

'저녁차에는 꼭 오겠지.'

하고 저녁때 또다시 나갔다.

가슴을 졸이며 자동차를 기다리는데 멀리서 엔진 소리가 들렸다.

영신은 신작로로 뛰어나가며 손을 들었다. 차는 브레이크 소리를 지겹게 내며 우뚝 섰다. 동혁은 벌써 알아보고 뛰어내릴 텐데, 만원도 안 된 승객을 훑어보았으나, 땅이 두 쪽으로 갈라져도 꼭 올 줄 믿었던 사람은 그림자도 없다. 영신은 실망 끝에 어찌나 화가 나는지,

'이놈아, 왜 그이를 안 태워 가지고 왔느냐?'

하고 운전수를 끌어내려 퍽퍽 두드려 주고 싶었다. 그는 그만 낭판*이

---

* 근친(覲親) 부모님을 찾아뵘. 시집간 여자가 친정에 감.
* 낭판 계획한 일이 어그러짐.

떨어져서 가로수 밑에 가 펄썩 주저앉아서, 거의 한 시간 동안이나 뻘겋게 노을이 낀 하늘만 원망스럽게 쳐다보았다.

'못 오면 그 성실한 이가 전보래두 쳤으련만⋯⋯.'

하고 여러 가지로 추측도 공상도 해 보다가 내왕 이십 리 걸음이나 곱팽이를 쳐서 그만 풀이 죽어 가지고 어둑어둑할 무렵에야 집으로 돌아왔다. 공연히 짜증이 나서 학원에는 들르지도 않고 바로 사숙으로 갔다. 낙성식 준비라야 지도책을 펴 놓고 만국기를 헝겊 조각에다 물감칠을 해서 달 것과, 상량*할 때도 쓸쓸히 지낸 목수며, 저와 함께 죽도록 애를 쓴 청년들을 점심이나 대접하려는 그 준비를 하는 것뿐이다.

소위 내빈이라고는 청하지도 않았으나 학부형들이나 모아 놓고 그동안 경과를 보고하려는 것이다. 서울 연합회에는 청첩을 보내지 않을 수가 없어, 회장이 못 오면 간사라도 한 사람 보내 달라고는 했으나, 속으로 오지 말았으면 하였다. 농촌을 이해한다고 하더라도 서울서 눈은 한껏 높은 하이칼라가 내려오면 보여 줄 만한 것도 없거니와 대접하기가 거북할 것 같았다.

그런데 내빈의 총대표라고 할 만한 동혁이가 오지를 않으니(건배 내외와 농우회원들에게도 형식적으로 청하기는 하였지만) 낙성식이고 무엇이고 다 집어치우고 싶도록 부아가 났다. 내일 온대도 정각인 아침 열 시까지는 도저히 대어 들어올 수가 없지 않은가.

영신은 컴컴한 중문간에서,

"원재 어머니!"

하고 불쾌히 부르며,

"서울선 아무도 안 왔어요?"

하고 물으면서 운동화를 벗어 던졌다. 서울로 통한 길은 다른 방향인데

＊ 상량(上樑) 집을 지을 때, 기둥에 보를 얹고 위에 마룻대를 올림.

그 길로는 원재를 보냈던 것이다. 집으로 들어오자 자기가 쓰는 방에 불이 켜진 것을 보고,

'혹시 서울서 누가 왔나?'

하고 물었는데, 아무 대답이 없다. 영신은,

"원재 어머니꺼정 어디루 갔을까?"

하고 입 속으로 꾸짖으며, 방문을 펄썩 열고 들어서다가 깜짝 놀라 멈칫하고 뒤로 물러섰다.

"왜 서울서 오는 사람만 찾으세요?"

방 한 구석에 앉아서 각반*을 풀다가 검붉은 얼굴에 웃음을 가득히 담고 돌아다보는 것은 동혁이다. 천만 뜻밖에 떡 들어와 앉은 사람은 틀림없는 동혁이다.

"아 —— 이게 누구세요?"

영신은 놀라움과 반가움에 겨워서 가슴 속은 두방망이질을 한다. 동혁은 벌떡 일어나 영신의 두 손을 덥석 쥐고 잡아 흔든다.

"아아니, 어디로 어떻게 오셨어요?"

"어떻게 오다니요? 이 두 바퀴 자동차를 타고 왔지요."

하고 동혁은 제 다리를 탁 쳐 보인다. 영신은 혀끝을 내두르며,

"아이고, 어쩌면! 배도 안 타고 돌아오셨으면, 한 삼백 리나 될 텐데……."

하니까,

"압다, 삼천 리는 못 올까요."

하고 동혁은 그저 손을 놓을 줄 모른다.

"그래 언제 떠나셨어요?"

"어저께 새벽에요."

---

* 각반(脚絆) 걷기 편하게 하기 위하여 발목에서 무릎 아래까지 두른 헝겊 띠.

영신은 그만 동혁의 가슴에, 그립고 그립던 그 널따란 가슴에 얼굴을 파묻었다. 동혁은 두 팔로 영신의 어깨를 힘껏 끌어안았다. 두 사람은 함께 한참 동안이나 말을 못 하였다.

영신은 얼굴을 들었다. 등잔불 빛에 번득이는 두 줄기 눈물! 그것은 반가움에 겨워서만 흘러내리는 것이 아니다. 거칠고 어두운 벌판을 홀로 헤매 다니다가 어버이의 따뜻한 품 속으로 기어든 듯한 느낌과, 살이 찢기고 뼈가 깎이도록 고생한 것을 무언중에 호소하는 그러한 눈물이었다.

동혁은 눈을 꽉 감았다가 뜨며,

"신색이 매우 못하셨군요."

하고는 손등으로 눈물을 비비고 난 영신의 얼굴을 무한히 가엾은 듯이 들여다본다. 반 년 남짓이 만나지 못한 동안에 영신은 그 탐스럽던 두 볼이 여위고 눈 가장자리에는 가느다란 주름살까지 잡혔다. 더운 때도 아닌데 입술이 까맣게 탄 것을 보니, 그 동안 얼마나 노심초사를 했나 하는 것이 역력히 들여다보여서, 동혁은,

"그래 집짓기에 얼마나 애를 쓰셨에요?"

하는 말이 입 밖에까지 나오려는 것을 도로 끌어들였다. 그런 인사치레는 일부러 하기가 싫었던 것이다. 등잔불은 고요히 두 사람 사이의 침묵을 흔드는데,

"우리 집 보셨지요? 동혁 씨 집보다 잘 지었지요?"

한참 만에야 영신은 딴전을 붙이듯이 묻는다.

"아까 잠깐 바깥으로만 둘러봤는데, 너무 훌륭하더군요. 한곡리 회관 쯤은 게다 대면 행랑채 같아요."

하고는,

"집들은 엄부렁하게 지어 놨지만, 이젠 내용이 그만큼 충실하게 돼야

해요."

하고 동혁은 제가 주인인 듯이 영신의 손목을 끌어다가 앉혔다. 회관의 설계도를 보고, 또는 편지로 자세히 짐작은 하고 있었지만, 여자 혼자 시작한 일로는 엄청나게 규모가 큰 데 두 번 세 번 놀랐다.

"좀 누우세요. 여간 고단하지가 않으실 텐데."

하고 영신은 목침을 내놓고 일어서며,

"시장도 하실걸. 원재 어머닌 어딜 가서 여태 안 들어와."

하며 일어나는데,

"아이고 선생님이 벌써 오신 걸 몰랐네."

하고 마주 들어오는 것은 이 집의 주인이었다. 그는 손님이 혼자 와서 기다리는 것이 보기 딱해서, 영신의 뒤를 쫓아 보낼 사람을 얻으라고 회관으로 올라갔다가 내려온 것이었다.

영신은 원재 어머니에게만은 동혁이와의 관계를 이야기하여서, 그 역시 동혁이를 여간 기다리지 않았었다. 그는 부엌으로 들어가며,

"어쩌면 그렇게 대장감으로 생겼어요? 첨 봐서 그런지, 마주 쳐다보기가 무서웁디다."

하고, 혀끝을 내둘러 보이면서 밥상을 차린다. 그는 '청석골' 밖에는 나가 보지도 못하였지만 동혁이처럼 건강하고 우람스럽게 생긴 남자를 처음 보았던 것이다. 천사와 같이 숭앙하는 채 선생의 남편 재목이 방 안이 뿌듯하게 들어설 때, 그의 마음 속까지 뿌듯하였다. 영신이도 동혁이를 칭찬하는 말이 듣기 싫지 않아서,

"그렇게 무서워 봬요? 아무튼 보호 병정 하나는 튼튼하게 됐죠?"

하고 느긋한 웃음을 웃어 보였다. 원재 어머니가,

"찬이 없어서 어떡헌대유?"

하고 성화를 하니까,

"뭘 돌멩이를 깨물어 먹어두 새길걸."

하면서도, 밥상을 들고 들어가서는,

"한곡리처럼 대접을 해 드릴 수는 없어요. 우린 쩍의 반찬(배고플 적이란 뜻)밖에 없으니까요. 당초 부엌에 들어설 틈도 없구요."

하고는,

"호호호호."

하고 명랑히 웃는다. 동혁은,

"내가 요릿집을 찾아온 줄 아슈?"

하고는 밥상을 들여다보더니,

"외상을 먹고는 언제 갚게요. 밥 한 그릇만 더 갖다가 우리 같이 먹읍시다."

하고 우겨서, 둘이 겸상을 해서 먹으며 피차에 지낸 이야기를 대강 주고받았다. 두 사람은 이야기를 하면서도,

'저 사람을 그다지도 그리워했던가.'

하는 듯이 피차에 얼굴에서 눈을 떼지 않고 기계적으로 숟가락질을 했다. 동혁은 숭늉을 마신 뒤에 입이 찢어지도록 하품을 하더니,

"이 근처에도 주막이 있겠지요?"

하고 억지로 몸을 일으킨다. 제아무리 장사라도 이틀 동안에 거의 삼백 리 길이나 줄기차게 걸어왔으니, 노그라지지* 않을 수가 없었다.

"주막은 왜 찾으세요. 어느 새 망령이 나셨남."

하고 영신은 동혁을 붙잡아 앉히고는 홑이불을 새로 시친 저의 이부자리를 펴 주고 나서,

"하고 싶은 얘긴 태산 같지만, 오늘은 일찌감치 주무세요. 오죽 고단하실까."

하고 일어선다.

＊노그라지다 몹시 피곤하여 힘이 없다.

"아닌게아니라, 내쫓아도 못 가겠쇠다."

하고 못 이기는 체하고 자리 위에 쓰러졌다. 영신은 안방으로 건너갔다. 자리끼를 들고 들어와서,

"문고리를 꼭 걸고 주무세요. 네!"

하고 의미 깊은 웃음을 웃어 보이고는 나간다. 동혁이도 한곡리 바닷가의 오막살이에서 영신이가 오던 날 밤에 제가 한 말이 생각이 나서, 빙긋이 웃으며,

"굿 나잇!"

하고 손을 들었다. 조금 있자, 문풍지가 진동하도록 드르렁드르렁 코를 고는 소리가 안방에서 잠을 얼핏 이루지 못한 영신의 귀에까지 들렸다.

동혁은 한곡리서 나팔을 부는 시간에 자리를 걷어차며 벌떡 일어났다. 정신 없이 쓰러져 잤건만, 온몸의 피곤이 회복되지를 못해서 사지가 나른한데, 잠이 깨어 누웠자니 비록 깨끗하게 빨아서 시치기는 했으나 영신이가 베던 베개와 덮던 이불에서 어렴풋이 풍기는 여자의 살냄새는 코를 자극시킬 뿐이 아니었다.

그는 대문 밖으로 뛰어나가 체조를 한바탕하고 샘을 찾아가서 냉수로 세수를 하고는, 학원으로 올라가서 두어 바퀴 돌면서 야릇한 흥분을 간신히 가라앉혔다. 늦은 가을 서리 찬 아침은 정신이 번쩍 나도록 상쾌하다.

"아하, 여기가 청석골이었구나!"

하고 동혁은 산중 벽촌의 하나도 신기할 것이 없는 자연을 둘러보았다. 띄엄띄엄 선 초가집 앞의 고욤나무는 단풍이 지고, 미루나무는 벌써 낙엽이 져 가지만 앙상한 것이 매우 소조*해 보인다. 다만 흰 벽이 찌든

＊ 소조(蕭條) 분위기가 매우 호젓하고 쓸쓸함.

예배당만이 한곡리에 없는 귀물*이었다.

　……조반을 같이 먹으면서도 두 사람은 보통 연애를 하는 남녀와 같이, 깨가 쏟아지는 듯한 이야기는 없었다. 영신이도 수다스럽게 재잘대기를 좋아하는 성미가 아니나, 하고 싶은 말은 가슴 속에 첩첩이 쌓였건만 입은 나분나분하게* 놀려지지를 않았다.

　"이따가 내빈 총대*로 한 마디 해 주세요. 기부금 적은 사람들이 감동이 돼서 척척 내놓게요."

하고 특청을 하였고,

　"어디 연설 말씀을 할 줄 알아야지요."

한 것이 중요한 대화였다.

　시간이 되려면 멀었건만 아이들은 거의 다 모여들었다. 그 중에도 계집애들은 명절 때처럼 울긋불긋하게 입고 어깨동무를 하고는 학원 마당으로 모여들었다. 어떤 계집애는 추석놀이를 하던 날 밤에 꽂았던 풀이 죽은 리본을 꽂고 자랑스럽게 고개를 갸우뚱거리며 다닌다.

　동혁은 운동장으로 내려가서 나비를 움켜잡듯이 제일 조그만 계집애 하나를 붙들어 번쩍 들고 겁이 나서 빨개진 뺨에 입을 맞추고는,

　"이 색시 몇 살인구?"

　"집은 어디지?"

　"그래 채 선생님이 좋아?"

하고 말을 시킨다. 다른 아이들은 고만 꼬리가 빠질 듯이 풍비박산*을 하는데 동혁이에게 붙들린 계집애는 처음에는 겁이 나서 발발 떨며 울지도 못 하다가 그렇게 무서운 사람이 아닌 줄 알고,

　"일곱 살유."

＊ 귀물(貴物)　얻기 어려운 귀한 물건.
＊ 나분나분하게　나붓나붓하게. 부드럽고 가볍게.
＊ 내빈 총대(來賓總代)　모임에 초대를 받고 온 손님 중의 대표.
＊ 풍비박산(風飛雹散)　사방으로 날아 흩어짐.

"우리 집은 청석굴이래유."

하고 사투리를 써 가며 곧잘 말대답을 한다.

　동혁이는 체격과는 정반대로 아이들을 보면 귀여워서 사족을 못 쓴다.

"이걸 누가 해 주든?"

하고 리본도 만져 보고, 어깨 위에다 둘씩이나 올려놓고 얼싸둥둥을 하며 춤을 추듯 하고 다니는 것을 보고는,

'어디서 저렇게 생긴 사람이 왔을까?'

하고 도망을 갔던 아이들이 살금살금 모여들어서 동혁을 에워쌌다.

"저어 이 아저씨가 사는 한곡리란 동네엔 너희 같은 애들이 창가도 썩 잘하고 유희도 썩 잘하는데, 너희들은 아주 바보로구나."

하고는, 저 먼저 굵다란 목소리로 동요도 하고, 그 큰 몸집을 굼뜨게 움직이며 유희하는 흉내도 내어 보인다. 아이들은 그것이 우스워서 깔깔거리며 자지러지게 웃다가,

"애개개, 우리더러 창가를 할 줄 모른대여."

하고 도리어 놀려 먹으려고 든다. 동혁이가,

"그럼 어디 한 번들 해 봐라."

하고 꾀송꾀송*하던 아이들은 성벽이 나서 추석날 하던 유희와 창가를 되풀이하느라고 시간이 된 줄도 몰랐다.

　땡그렁 땡때——ㅇ 땡그렁 땡때——ㅇ.

　언덕 위 학원 정문에 달린 종이 울린다. 그 명랑한 종소리는 맑고 푸르게 갠 아침 한없이 높은 하늘로 퍼지는데, 아이들은 와 소리를 지르며 앞을 다투며 달려간다.

　땡그렁 땡때——ㅇ 땡그렁 땡때——ㅇ.

　그 종은 새로 사다가 한 번도 울려 보지 않았던 것이다. 동혁은 머리

＊꾀송꾀송 '꾀음꾀음'의 사투리. 달콤한 말로 남을 꾀어 호리는 모양.

를 들어 종을 치고 선 영신을 쳐다보았다.

이 돈은 꼭 저금을 해 두었다가 새로 지으려는 학원 마당 앞에 종을 사서 달겠습니다. 아침 저녁 내 손으로 울리는 그 종소리는, 나의 가슴뿐 아니라 이 곳 주민들의 혼곤히 든 잠을 깨워 주고 청석골의 산천초목까지 울리겠지요.

라고 씌었던 편지 사연이 생각났다. 오늘 아침의 그 종소리는 누구보다도 동혁의 가슴 한복판을 울렸다.

학부형들과 집을 짓는 데 수고를 한 사람들이며, 부인 근로계원들은 물론, 교실의 칸을 터 놓은 새 학원이 비집고 들어설 틈이 없도록 꽉 찼다. 동혁은 맨 뒷줄에 가서 앉았다가 구경꾼들이 꾸역꾸역 모여들어서 떠들어 대는 것을 보고,
'손님처럼 서서 구경만 할 게 아니다.'
하고,
"여보슈, 어른들은 뒤로 나섭시다. 나서요."
"쉬── 떠들지들 맙시다."
하고 사람의 틈을 비비고 다니며 장내를 정돈시켜 주었다. 여러 사람은,
"저게 누군가?"
"어디서 온 사람이여?"
하고 두리번거리면서 비슬비슬 비켜 선다.
그러자 교회의 장로인 대머리 영감이 단 위에 올라섰다. 장로는 서양 사람의 서투른 조선말을 그나마 어색하게 입내 내는 듯한 예수교식의 독특한 어조로 개회사를 하고, 일부러 떨리는 목소리로 기도를 인도한다. 겉장이 떨어진 성경책을 들고 예배나 보듯이 성경까지 읽는다. 그

동안 동혁은 끔벅끔벅하며 교단 맞은편 벽에 붉은 잉크로 영신이가 써 붙인 몇 조각의 슬로건*을 쳐다보고 있었다.

'갱생의 광명은 농촌으로부터.'
'아는 것이 힘, 배워야 산다.'
'우리의 가장 큰 적은 무지다.'
'일하기 싫은 사람은 먹지도 말라.'
'우리를 살릴 사람은 결국 우리뿐이다.'

이러한 강령 비슷한 것이 조금도 신기한 것은 아니건만 그 장로와 비교해 볼 때, 동혁은,

'이것도 조선의 현실을 그려 놓은 그림의 한 폭인가.'
하고 속으로 씁쓸히 웃었다. 그러나 이러한 모임에 양복쟁이들이 와서, 앞줄에 가 버티고 쭈욱 늘어앉지 않은 것만은 유쾌하다면 유쾌하였다.

귀에 익은 손풍금 소리가 들리며 '삼천리 반도 금수 강산' 을 부르는 찬미 소리가 일어났다. 그제야 장내는 활기가 돌기 시작하는데 아이들과 어른들이 함께 목청을 높여,

"일하러 가세. 일하러 가!"
하고 소리를 지를 때는,

'그런 찬송가는 꽤 좋군.'
하고 동혁이도 따라 부르고 싶은 충동을 느꼈다.

찬송가가 끝난 뒤 장로는 일어서서 매우 경건한 어조로, 그러나 여전히 서양 선교사의 입내를 내듯이,

"먼저 여러분께서, 이처럼 마안히 와 주신 것 감사합네다. 오늘날 우

---

* 슬로건(slogan) 표어. 그 단체의 기본 태도나 내세우는 바를 짧은 말로 나타낸 것.

리가 이와 같은 큰 집 짓고, 낙성식을 서엉대히 열어서, 하나님께 영
광을 돌리게 된 것은, 다아만 우리 청석동의 무지한 백성을 불쌍히
여기사, 당신의 귀한 따님 한 분을 보내 주신 은택인 줄로 압내다."
하고 연단 아래서 머리를 숙이고 선 영신을 가리키며,

"지금 채영신 선생이, 그 동안에 고생 마안히 하신 말씀 하시겠습네
다."
하고 뒤로 물러가 앉는다. 아이들이 딱딱딱 치기 시작한 박수 소리가
소나기처럼 장내를 지나갔다. 동혁이도 그 넓적한 손바닥이 아프도록
쳤다.

영신은 발갛게 상기가 되어서 연단 위로 올라갔다. 먼 빛으로 보니,
영신의 얼굴이 파리하고 몸이 수척한 것이 더 분명해서 동혁은 바로 보
기가 어려울 지경이었다. 그러나,

"여러분께서 이 새 집이 꼭 차도록 와 주셔서, 여간 기쁘고 고맙지가
않습니다."
하고 말을 꺼내는 목소리만은 여전히 짜랑짜랑하다. 영신은 말끝을 얼
핏 대지를 못하고 아이들과 학부형을 둘러보더니,

"여러분은 이 집을 짓는 것을 처음부터 여러분의 눈으로 보셨으니까,
얼마나 어렵고 힘이 들었다는 말씀은 하고 싶지가 않습니다. 또는 이
만한 학원 하나를 짓느라고 고생한 것도 내가 마땅히 해야 할 일을
한 것뿐이니까 생색이나 내는 것 같아서 얘기하기도 싫습니다. 그렇
지만 이것이 결국은 여러분의 자녀를 기를 집이니까 어떠한 예산을
세워 가지고 얼마나 들여서 지었는지, 그것은 아셔야 할 것입니다."
하고, 들고 올라온 책보를 끄르더니 계산서를 꺼내 들고 공사비가 든
것을 조목조목 따져서 들려 주고 나서,

"들어 보십시오, 여러분! 우리가 덤벼들어서, 품삯 한 푼도 덜 들이려
고 죽기 작정하고 일을 했건만, 칠백여 원이나 들었습니다. 그런데

처음에 얼마를 가지고 착수를 한 줄 아십니까? 단돈 백 여원으로 시작을 했습니다. 그 돈이나마 누구의 돈인 줄 아십니까? 이 치마를 두른 여자들이 죽지 못해 살아가는 처지에서 삼사 년을 두고 푼푼이 모은 돈을 아낌없이 내놓은 겝니다. 여러분, 그 나머지 육백 원이나 되는 빚은, 조 어린애들이 졌습니다. 각처에서 꾸어 대고 외상 일을 시킨 채영신이가 물론 책임을 집니다마는, 사실은 조 어린애들이 배우기 위해서, 길거리로 헤매 다닐 수가 없어서 저희들로서는 태산 같은 빚을 진 것입니다. 여러분! 여러분은 당신네의 귀여운 자녀들이 이 집에서도 쫓겨나가는 걸 보시렵니까? 간신히 뜨기 시작한 조 영채가 도는 눈들을 다시 뽀얗게 멀려* 노시렵니까!"

하고 주먹을 쥐고 목청껏 부르짖자, 그는 몹시 흥분되었다. 발을 탁 구르며 무슨 말을 하려고,

"여, 여러분!"

하고 목소리를 높이다가 별안간 무엇에 꽉 질린 것처럼 바른편 옆구리를 움켜쥔다. 금방 얼굴이 해쓱해지더니 앞에 놓인 교탁을 짚을 사이도 없이, 그 자리에 고꾸라지듯이 엎어졌다.

"앗!"

"저게 웬일야?"

여러 사람은 동시에 부르짖었다. 그 소리와 함께 동혁의 눈은 휘둥그레지더니, 두 팔로 헤엄을 치듯이 사람의 물결을 헤치며,

"에구머니, 우리 선생님!"

"절 어쩌나? 절 어째!"

하고 새되게 소리를 지르는 아이들을 사뭇 파밭 밟듯 하고 연단으로 뛰

＊멀려 눈을 멀게 하여.

어올라갔다. 같은 연단 위에 있던 장로는 손도 대지 못하고 쩔쩔매는 것을, 동혁은,

"비키세요."

하고 밀치며 대들어서 침착히 영신을 안아 일으켰다. 입술까지 하얗게 바래 가지고 까무러친 것을 보고는,

'뇌빈혈이군.'

하고 사지를 늘어뜨린 영신의 다리와 머리를 번쩍 들고 사무실로 쓰게 된 옆방으로 들어갔다. 원재 어머니와 청년들이며 아이들이 우루루 따라 들어와서는 말도 못 하고 바들바들 떨기만 하는 것을,

"너희들은 나가 있거라."

하고 나직한 목소리로 내몰고는, 저의 노동복 저고리를 벗어서 마루에 깔고 영신을 그 위에 고이 눕혔다. 그리고는,

"냉수를……."

하고 원재 어머니에게 명령하였다. 원재 어머니가 당황히 나가는데, 지까다비*를 신은 사람이 술이 취해서 얼굴이 삶은 게빛이 되어 가지고 냉수 사발을 들고 찔끔찔끔 엎지르며 들어온다.

"도 도무지 대체 채 선생이, 아아니 이게 웬일이란 말씀요?"

하고 모주 냄새를 풍긴다. 그는 영신의 감화로 오늘날까지 품삯도 못 받고 일을 한 목수였다. 아무튼 낙성식까지 하게 된 것이 덩달아 좋아서, 아침부터 주막에 가서 주렸던 막걸리를 잔뜩 마시고는 엉덩춤을 추며,

"에헤 에헴, 내 손으루 지은 집 낙성식을 하는데 한몫 끼어야지, 아무렴 그렇구말구, 어느 놈이 날 빼논단 말이냐."

하고 혼자말을 주고받으며 한창 뽐내고 들어오다가 영신이가 넘어지는 광경을 보고 허겁지겁 뛰어나가서 이력차게 냉수를 떠온 것이다.

＊지까다비 일본 버선 모양의 노동자용 작업화.

동혁은 냉수를 영신의 얼굴에 두어 번 뿜어 주고 원재의 웃옷을 벗겨서 방석처럼 접어 어깨 밑에 고여 머리를 낮추어 놓고 두 팔을 올렸다 내렸다 하며 천천히 인공 호흡을 시킨다. 그리고 원재 어머니더러,

　　"아랫도리를 가만가만 주물러 주세요."

하였다.

　　영신은 한 오 분 동안이나 숨을 괴롭게 몰아쉬더니,

　　"휘유!"

하고 악몽에서나 깬 듯이 정기 없는 눈을 뜨고,

　　'여기가 어딘가?'

하는 듯이 실내를 둘러본다.

　　"정신이 좀 나세요?"

　　동혁이가 나직이 묻는 말에 그는 눈을 커다랗게 뜨며,

　　"네……."

하고 안심과 감사의 뜻을 잡힌 손에 힘을 주는 것으로 표시한다.

　　"아이들은 다 어디루 갔어요?"

　　"밖에들 있어요. 마룻바닥이 차서 어떡하나?"

　　원재 어머니도 겨우 숨을 돌린 듯, 동혁의 얼굴을 쳐다본다.

　　"좀더 진정해야 해요."

하고 동혁은 강당으로 나가서 돌아앉아 중얼중얼 기도를 올리고 있는 장로의 어깨를 잡아 흔들며,

　　"절대루, 안정을 시켜야 하겠는데, 고만 다들 헤어지라구 해 주시지요."

하고 일렀다. 아이들은 문 밖에서 훌쩍훌쩍 울면서 가지를 않는다. 금분이는,

　　"우리 선생님! 아이고 우리 선생님!"

하고 선생이 죽기나 한 듯이 사뭇 통곡을 하다가, 동혁의 소매에 매달

려 들어오더니 영신의 앞으로 달려들며 흐느껴 운다. 영신은,

　"금분아, 너 왜 우니? 응 왜 울어? 선생님은 아무렇지도 않단다."

하고 달래 주고는,

　'나가 봐야 할 텐데……'

하고 억지로 몸을 일으키다.

　"아이구 배야!"

하며 아까 쓰러질 때처럼 오른편 아랫배를 움켜쥐며, 지독한 고통을 참느라고 입술을 깨문다.

　이제까지 태연한 기색을 보이던 동혁의 얼굴에도 당황한 빛이 떠돈다. 너무나 과로한 끝에 흥분이 되어서 일어난 단순한 뇌빈혈이 아닌 것만은 분명하다.

　"아무튼 집으로 내려갑시다."

하고 동혁은 영신을 들쳐 업고 뒷문으로 빠져서 원재 어머니의 집으로 내려갔다.

　영신이가 거처하는 방은 사내아이 계집아이들로 두 겹 세 겹 에워싸였다. 부인 친목계의 계원들은 얼굴이 흙빛이 되어 가지고 방으로 꾸역꾸역 들어오는 것을 동혁은,

　"안됐지만 나가들 주세요. 조용히 누워 있어야 합니다."

하고 원재 어머니만 남겨 놓고 다 내보낸 뒤에 문고리를 안으로 걸어 버렸다. 땀이 이마에 숭숭 내배었건만 그는 씻으려고도 안 하고 영신의 앞으로 가까이 앉는다. 영신은 고통이 조금 진정된 듯하나 기함*이나 한 것처럼 누워 있다.

　동혁은 한참 동안 눈을 꽉 감고 있다가,

＊기함(氣陷) 기력이 없어 폭 가라앉음.

"똑바루 누우세요."
하고 영신을 반듯이 눕혔다.

그는 의사처럼 이마를 짚어 신열이 있고 없는 것을 보고 맥박을 세어 본 뒤에,

"여기에요? 아픈 데가 여기에요?"
하면서 영신의 배를 명치로부터 배꼽까지 여기저기 꾹꾹 눌러 본다. 영신은 말대답을 할 기운도 없는지 아프지 않은 데는 조금씩 고개를 흔들어 보일 뿐…….

"그럼 여기지요?"
동혁의 손가락이 영신이가 두 번이나 움켜쥐던 오른편 아래를 누르자 영신은,

"아야야!"
하고 비명을 지르며 상체를 펄쩍 솟치다가 불에나 데인 것처럼 온몸을 오그라뜨린다. 동혁은 천천히 고개를 끄덕였다. 서투른 의사의 진찰이건만 저도 학창 시절에 풋볼에 열중하다가 된통으로 앓아 본 경험이 있는 맹장염인 것이 틀림없었다.

"맹장염 같은걸요."

"네? 맹장염?"
하고 영신은 간신히 동혁의 말을 흉내내듯 한다. 그러다가 금시 아랫배가 뻗치고 땡기고 하다가는 사뭇 송곳으로 쑤시는 것 같아서 자반뒤집기를 한다. 그는 고통을 참느라고 이를 악물고 있다가,

"아이고 그럼 어떡해요?"
하는 듯이 동혁의 얼굴을 쳐다본다.

"안심하세요, 아는 병이니까요. 나도 한번 혼난 적이 있는데……."
하고 위로를 시키면서도 동혁의 마음 속은 먹장구름이 뒤덮는 듯이 캄캄해졌다.

'급성이 돼서, 까딱하면 큰일나겠는데, 이 시골 구석에서 이를 어떡 헌담.'

하고 뒤통수를 북북 긁는데, 그 머릿속에 번개같이 떠오르는 것은,

'급성 맹장염은 24시간 이내에 수술을 해야 한다. 때가 늦으면 생명 을 빼앗긴다.'

는 생각이었다. 그것은 생리 시간에도 배웠고, 저를 치료해 주던 의사 에게도 들은 말이다. 그러나 서울 큰 병원은 생의*도 할 수 없고, 도청 소재지에 있는 자혜 의원 같은 데로 간대도 꼼짝도 못하는 사람을 어떻 게 추슬러 가지고 갈는지 난감하였다. 그는 곰곰 생각을 해 보다가 대 야에 냉수를 떠오래서 수건을 담가 이마에 냉습포를 하게 한 후,

"영신 씨!"

하고 가만히 손을 잡았다.

"네……?"

영신은 눈을 감은 채 가만히 입을 연다.

"급성이면 한 시간이래두 빨리 수술을 해야 하는데요. 나 하자는 대 로 하시지요?"

"어떻게요?"

"지금이래두 떠나서 자혜 의원에 입원을 하도록 하십시다."

"……."

영신은 한참 만에 머리를 흔든다.

"왜요?"

"난 싫어요!"

이번에는 머리를 더 내두른다.

"수술하는 건 겁날 게 없어요. 오래 되지 않았으면 퍽 간단하게 된다

---

* 생의(生意) 하려는 마음을 냄.

는데요.”

“…….”

영신은 다시 아픈 것을 이기지 못해서 동혁의 손을 사뭇 쥐어 뜯으면서도, 병원으로 가는 데는 승낙을 하지 않는다. 배를 째는 것이 겁이 나서 마다고 하는 것이 아니라, 정신이 없는 중에도 학원을 지은 빚도 많은데, 수술비와 입원 비용이 적지 않이 들 것을 생각한 것이다.

“어떻게 여기서 낫게 할 수 없을까요?”

하고 애원하는 것을 동혁은,

“안 돼요. 한약으론 안 돼요!”

하고 벌떡 일어서며 밖으로 나가서 자동차 시간을 물었다. 마침 오후 두 시에 읍으로 가는 자동차가 있었다.

동혁은 한사코 싫다고 고집을 세우는 영신을,

“사람이 살고 볼 일이지, 내가 당신이 죽는 걸 보고 가만히 있을 듯싶어요?”

하고 강제로 들쳐업고는 한 번도 쉬지 않고 십리 길을 내쳐 걸었다. 학부형들과 청년들이며 아이들은 울면서 자동차 정류장까지 따라 나왔다.

친부모만큼이나 정이 들고 은혜를 입은 선생이 불시에 세상을 떠나서 영구차나 전송하는 것처럼 아이들은 자동차 차창에 가 매달려 우는 것을,

“어서들 들어가거라. 내 열 밤만 자고 오마, 응?”

하고 영신은 동혁에게 안겨서 손을 내젓는데 차는 가솔린 냄새를 풍기며 떠난다. 원재 어머니와 청년들이 앞을 다투어 차에 오르며 간호를 하러 가겠다는 것을 다 물리쳤건만 중간에서 원재가 뛰어올랐다.

차는 두어 칸 거리나 굴러나가는데,

“여보, 여보——. 잠깐만 기다류.”

하고 헐레벌떡거리며 쫓아오는 것은 교회의 회계를 보는 장로의 아들
이었다. 동혁은 자동차를 정거시켰다. 회계는 숨이 턱에 닿아서 땀이
나도록 쥐고 온 것을 영신에게 내주면서,

"학부형들이 급히 추렴을 낸 건데요, 우선 급한 대로 쓰시라구요."
하고는 뒤도 안 돌아보고 뺑소니를 친다. 영신의 손에 쥐어진 것은 십
원, 일 원짜리가 뒤섞인 지전이었다.

"얼마에요?"

"모르겠어요. 온 염치없이……."

영신은 그 돈을 동혁에게 준다. 동혁은 돈을 세어 보고,

"이것만 가지면 급한 대로 쓰겠군."
하고 집어 넣는다. 그는 하도 일이 급하니까 자동차 삯이나, 병원에서
들 것은,

'설마 어떻게든지 되겠지.'
하고 닥치는 대로 떼거리를 쓸* 작정으로 영신을 업고 나섰던 것이다.
그는 그 때에 처음으로,

'왜 내가 돈이 없었던가?'
하고 돈 있는 사람이 부러워서 탄식을 하였다. 영신이가 쓰러지는 것을
목도한 학부형들은 눈들이 휘둥그레서,

"허어, 이거 큰일났군."

"아무리 억지가 세지만, 잔약한 여자가 석 달 동안이나 염체에 할 일
을 했나베."

"그러구 보니, 우리들은 남의 집 색시 하나를 잡은 셈이 되지 않겠
나."

"두말 말구 우리 기부금 적은 거나 빚을 얻어서래두 이번엔 다 내놉

---

* 떼거리를 쓰다 떼를 쓰다. 무리하게 요구하거나 억지를 쓰다.

시다."
하고 이 구석 저 구석 모여서 공론을 하고 제일 머릿수가 큰 한 낭청 집으로 몰려가서 그제야 그 말썽 많던 돈을 받아 낸 것이다.

……자동차 속에서도 차체가 자갈을 깐 길바닥에서 들까부는 대로 영신은 창자가 울려서 아픔을 참기 어려웠다.

"아이고! 갈구리쇠로 막 찍어 당기는 것 같아요."
하고 동혁의 팔과 손등을 막 물어뜯기를 여러 차례나 하였다.

동혁은 아프단 말도 못하고,

"몇 시간만 눈 딱 감고 참읍시다."
하면서 가엾고 애처로운 생각에,

'내가 대신 앓았으면.'
하다가,

'마침 내가 왔기에 망정이지 혼자 이런 일을 당했다면 어쩔 뻔했누?'
하고 사랑하는 사람이 의료 기관 하나도 없는 곳에서 고집을 세우다가 비참한 최후를 마쳤을 것을 상상하니 몸서리가 쳐졌다.

'우리가 이생에 연분이 단단히 닿나 보다. 오늘 이런 일이 있을 걸 미리 알고 누가 불러댄 것 같으니.'
하고 미신 비슷한 운명론자가 되어 보기도 하였다.

자동차를 두 번이나 갈아 타고 또 기차를 기다려 타고 날이 어둑어둑할 때에야 읍에 도착하였다. 정류장에서 환자는 인력거를 태우고 삼 마장이나 되는 언덕길을 원재와 둘이서 뒤를 밀어 주며 병원을 찾아 올라갔다. 자혜 의원은 시간이 지났기 때문에 문이 굳게 닫혀서 다시 개인 병원으로 찾아갔다. 두 사람이 점심 저녁을 굶어서 몹시 시장할 것을 생각하고, 영신은,

"어디서든지 요기를 좀 하세요, 네?"
하고 몇 번이나 돌아다보며 간청을 하는 것을,

"걱정마슈! 하루쯤 굶어서 죽을라구요."

하면서도 동혁은 고기 굽는 냄새가 나는 음식점 앞에서는 외면을 하고 숨을 들이쉬지 않고 걸었다.

속옷에 땀이 흠씬 배도록 인력거를 몰아왔건만 병원 문은 걸렸다. 초인종을 한참이나 누르니까 그제야 간호부가 나와서 분을 하얗게 바른 얼굴을 내밀더니,

"선생님, 안 계세요. 연회에 가셨어요."

하고 슬리퍼를 짤짤 끌고 들어가 버린다.

"여보, 시각을 다투는 환자가 있는데 연회가 다 뭐요?"

동혁의 호령을 듣고서야 간호부는 요릿집으로 전화를 걸었다.

의사는 한 삼십 분 뒤에야 인력거로 달려왔다. 진찰실에 전등은 환하게 켜졌다. 나이 사십 남짓한 의사는 술냄새를 제하느라고 '가오루'를 깨물며 끈끈이로 붙여 놓은 것처럼 어여쁜 수염을 배비작거리고 앉아서 동혁에게 대강 경과를 듣고 고개를 끄덕이더니,

"짐작하겠소이다."

하고 영신을 눕히고 자세히 진찰을 해 본다.

"하마터면 큰일날 뻔했군요. 노형 말씀대로 급성 맹장염인데, 밤에는 설비 관계로 할 수 없으니 내일 아침에 수술을 합시다. 우선 진통제나 한 대 놔 드릴게 절대로 안위를 시키시오."

하고 영신의 팔을 걷어 주사를 놓고는,

"요행으로 맹장염인 줄 알아서, 일찌감치 서둘렀으니까 수술만 하면 고만이지만, 이분은 몸 전체의 각 기관이 여간 쇠약하지가 않은걸요. 첫째, 영양이 대단히 부족한 것 같은데, 너무 무리하게 노동을 한 게 맹장염까지 일으킨 원인이 됐나 보외다."

하고 일어서서 손을 씻는다. 동혁은 비로소 안심을 하고,

"아무튼, 선생님께서 생명 하나를 맡아 줍시오."
하니까,
"네, 염려 마시오."
하고 간호부더러 인력거를 부르라고 명령한다. 다시 연회로 가려는 눈치다.

동혁과 원재는, 주사 기운에 말도 못하는 영신의 어깨를 부축해서 병실로 데려다가 눕혔다.

자궁을 수술하였다는 환자가 옆방에서 신음하는 소리에 동혁은 잠을 잘 수 없었다. 원재와 둘이서 영신의 침대 밑에 담요 한 자락을 깔고 누웠는데, 삼백 리나 걸은 노독도 채 풀리기 전에 종일 굶고 꺼둘려 와서,
'눈을 좀 붙였다가 일찍 일어나야 할 텐데……'
하고 억지로 잠을 청하였다. 그러나 마음이 바짝 쓰이는데다가 창자가 달라붙도록 속이 비어서, 잠은 올 듯하면서도 안 와 주었다. 원재도 춥고 시장한 듯, 사타구니에다가 두 손을 찌르고 새우처럼 꼬부리고 누워서, 잠을 못 자는 것이 여간 가엾지가 않다.

영신이가 잠꼬대하듯 무어라고 혼자말을 하는 소리에 동혁은 벌떡 일어났다.
"왜 그러세요? 나 여깄에요?"
하고 희미한 전등불 빛에 환자의 얼굴을 들여다보았다. 영신은 주사 기운이 아직도 가시지 않은 듯 눈을 반쯤 뜨고,
"뭘 좀 잡수세요. 원재도……."
하면서 어서 다녀오라고 손짓을 한다.
"난 괜찮아요. 우리 걱정은 하지 마세요."
하면서도 동혁은 원재 때문에 더 고집을 세울 수가 없어서,
"여보, 일어나우. 일어나."
하고 원재의 어깨를 흔들었다.

길거리 목롯집에서 술국에 밥 한 덩어리씩을 꺼먹고 들어오는 걸 보고 영신은 가냘픈 웃음을 띠며,

"근처에 음식집이 있어요?"

하고 반겨 준다. 원재가,

"선생님 시장하셔서 어떡허나요?"

하고 혼자 먹고 들어온 것을 미안쩍게 여기니까,

"시장한 게 뭐요. 일부러 굶기도 하는데."

하고 동혁은 침대에 반쯤 걸터앉아서 영신의 손을 잡았다. 흐트러진 머리를 쓰다듬어 올리며,

"안심하고 잠을 청하시지요. 나도 눈을 붙여 볼 테니……. 가을밤이라 꽤 지루한데요."

하고 위로해 준다.

영신은 눈을 감았다 떴다 하며, 창 밖에 귀뚜라미 소리를 꿈 속처럼 듣고 있다가, 처량스럽게 동혁을 쳐다보며,

"동혁 씨 난 지금 죽어도 행복해요!"

하고 사랑하는 사람의 손을 끌어당긴다.

"천만에, 죽다니요. 우리 둘이 이렇게 떠나지 않구 오래오래 살면 더 행복하지 않겠어요?"

동혁은 사랑하는 사람의 여원 뺨과 이마에 입을 맞추었다.

영신은 눈을 내리감고 뜨거운 키스를 받았다.

시계의 초침이 돌아가는 소린 듯 창 틈에서 재깍거리는 벌레 소리에 가을밤은 쓸쓸히 깊어 갔다.

수술대 위에 올라서도, 영신은 동혁의 손을 놓지 않았다. 하얀 소독복을 입고 매우 긴장한 빛을 띠면서 수술할 준비를 하고 난 의사와 간호부가 두 번째나,

"고만 밖으로 나가 주시지요."

하고 재촉을 하여도 영신은,

"나가지 마세요. 여기 꼭 서 있어 주세요."

하고 온몸의 힘을 다해서 동혁의 손을 끌어당긴다.

"네, 지키고 섰을게 걱정 마세요."

하고 동혁은 환자의 머리맡을 떠나지 않았다. 의사가 가제를 덮은 코 밑에 마취액을 방울방울 떨어뜨려 들이마시게 하면서,

"하나…… 둘…… 셋……."

하고 부르는 대로 영신은 따라 부른다. 오 분도 못 되어 영신은 핀셋으로 살을 찔러도 모를 만큼 전신의 감각을 잃고 힘이 풀려서 동혁의 손을 놓았다.

　동혁은 수술하는 것을 차마 볼 수 없어서 수술실 밖으로 나갔다. 응접실로, 대합실로, 복도로 왔다갔다 하며, 생명이 좌우되는 일이 무사히 끝나기를 기다리는 마음은 몹시도 초조하였다. 예수교 신자인 원재는, 대합실 문 밖에 가 꿇어 엎드려 정성껏 기도를 올리고 있다. 동혁은 안절부절못하고 왔다갔다 하면서도 원재와 같이 일종의 엄숙한 기분에 머리가 들려지지 않았다.

　배를 가르고 맹장에 달린 벌레 같은 것을 잘라 버리고 다시 꿰매면 고만인 비교적 간단한 수술이건만, 그것이 거의 두 시간이나 걸린다. 몇 번이나 수술실 도어에 귀를 대고 들어 보아도 바스락거리는 소리조차 없다.

　동혁은 점점 불안해졌다.

"왜 여태 아무 소리도 없을까요?"

　원재는 겁이 나서 우둘우둘 떨기까지 한다.

"글쎄……."

하면서도 동혁은 속이 바짝바짝 타서,

'좀 들어가 볼까?'

하고 수술실 도어의 손잡이를 비틀어 열고 들어서는데, 그와 동시에 소독약 냄새가 확 끼치며 의사가 손을 닦던 수건을 던지고 마주 나온다. 수술대 위에 허연 홑이불을 씌워 놓은 것이 눈에 띄자 동혁은 가슴이 선뜻 내려앉아서,

"어떻게 됐습니까?"

하고 당황히 물었다. 의사는 수술복 소매로 이마에 흘린 땀을 씻으며,

"혼났쇠다. 맹장이 썩도록 내버려 뒀으니, 까딱하면……."

하고 담배를 피워 물고 쭉 들이빨다가 한숨과 함께 후우 하고 연기를 토해 낸다.

"아, 그래서요?"

동혁이와 원재의 눈은 의사의 입에 가 매달렸다.

"그 수술만 같으면 문제가 없지만, 대장하고 소장이 마주 꼬여서 간신히 제 위치로 돌려 놨는데……."

하더니,

"아아니, 여자가 무슨 일을 창자가 비꾀두룩* 하게 내버려 뒀더란 말씀이오?"

하고 동혁을 나무라듯 한다.

"……."

동혁은 그 말대답을 할 수 없었다. 간호부가 눈앞을 지나 제약실로 들어가는 것을 보니, 맵고 뜨거운 음식을 먹고 나온 것처럼 얼굴에 땀이 주르르 흘렀다.

"너무나 수고를 하셨습니다. 이젠 염려 없겠지요?"

"나 아는 대로 힘껏은 했소이다마는, 퇴원한 뒤에도 여간 조심을 하지 않으면 재발될 염려가 있으니까, 거기까지는 보증할 수는 없는걸요."

---

* 비꾀다 비꼬이다.

하고 시원하지 않은 대답을 하는데, 동혁은 또다시 우울해졌다.

　병실로 떠메어 들어온 뒤에야 영신은 차츰차츰 의식을 회복하였다.

　"어……어머니! 어머니!"

하고 헛소리하듯 어머니를 찾다가,

　"도 도……동혁 씨!"

하고 머리맡을 더듬는다. 동혁은,

　"나 여깃에요. 이젠 아주 안심하세요."

하고 가만히 그의 두 손을 잡았다.

　"물을 좀, 어서 물을 좀……."

　영신은 조갈이 나서 식도가 타는 듯이 목을 쥐어뜯으며 물을 찾는다. 원재가 밖으로 나가는 것을,

　"안 돼, 지금 물을 마셨다간 큰일나네."

하고 붙들었다. 그래도 환자는,

　"한 모금만 네, 한 방울만……."

하고 어린애처럼 안타깝게 조른다. 물이 있고도 못 주는 동혁의 마음은 환자만큼이나 안타까웠다.

　다행히 수술한 경과는 좋았다. 식욕도 나날이 늘어서 인제는 죽을 먹고도 잘 삭이고 붙들어 주면 일어나 앉아서 이야기를 해도 피곤을 느끼지 않을 만큼이나 원기가 회복되었다.

　그 동안 청석골서 원재 어머니가 와서 아들과 교대를 하고 교인과 친목계의 회원들이 그 먼 길에 반은 타고 반은 걸어서 문병을 왔다.

　"아이고 여기꺼정 어떻게들 오셨어요?"

　영신은 고마움에 겨워 그들의 손을 잡고 말도 못 하기를 몇 번이나 하였다. 그 중에도 원재 어머니가,

　"인전 아무 염려들 마시구 어서 퇴원이나 하세요. 일전에 학부형들이

모두 새 집에 모여서 기부금 적은 걸 죄다 내기로 했어요. 집 짓느라고 빚진 건 한 푼도 안 남기고 갚게 됐으니깐, 학원 때문엔 조금두 걱정을 마세요.”

하는 보고를 들을 때, 영신은 어찌나 기쁜지 금시 날개가 돋쳐서 훨훨 날아다닐 듯싶었다. 전장에서 부상을 당한 병정이 승전고 울리는 소리를 듣는 것만큼이나 감격하였다.

그러나 영신은 수술한 뒤로 마음이 어려져서 애상적인 감정에 지배를 받는 것은 물론 한 가지 까다로운 습관이 생겼다. 그것은 동혁이가 곁에 있지 않으면 긴긴 밤에 잠을 이루지 못하는 것이다. 신앙심도 있거니와 여자로는 보기 드물게 중심이 튼튼하던 사람이건만, 난산을 하고 난 산모와 같이 곁에 사람이 없으면 허수해서* 못견디어 한다.

어느 때는 도깨비나 보는 것처럼 손을 내두르며 헛소리를 더럭더럭 할 때가 있다. 그러면 문병을 온 부인들이 성경을 읽고 찬송가를 불러서 들려 주고 하건만 귀에 들어가지 않는 듯,

“동혁 씨 어디 갔어? 동혁 씨!”

하고 사랑하는 사람만 찾는다. 그러면 동혁은 길거리로 산보를 나갔다가도 붙들려 들어와서 그에게 손을 잡혔다. 그래야만 환자는 비로소 마음을 놓고 잠이 든다.

“저렇게 잠시 잠깐도 떨어지질 못하면서 입때까진 어떻게 따루따루 지냈다우?”

하는 것은 문병 온 부인들네의 뒷공론이었다. 동혁은 그런 말을 귓결에 듣고 싱글벙글 웃으면서도,

‘이거 한곡리 일 때문에 큰일났군. 강기천이가 그 동안 또 무슨 흉계를 꾸밀지 모르는데, 온 편지 답장들이나 해 주어야지.’

---

* 허수하다 마음이 허전하다.

하고 몹시 궁금해 하였다. 동화와 건배에게 거의 격일해서 편지를 했지만, 무슨 연고가 있는지 답장이 오지를 않아서 몸이 달았다. 그러나 동혁이 역시 어떤 때는 어린애처럼 응석을 더럭더럭 부리며 어머니 생각에 눈물이 마를 때가 없는 영신을 차마 떼치고 떠나갈 수가 없었다. 아무리 호인처럼 무뚝뚝한 사람이기로, 죽을 고비를 천행으로 넘겨서 아직도 제 몸을 마음대로 추스리지 못하는 사람을 보고,

"난 볼일이 급해서 가야겠소."

하고 휘어잡는 소매를 뿌리치며 일어설 용기가 나지를 않았다.

그래서 동혁은 그 사정을 건배에게 편지로 알리고, 밤이 들면 꼭 환자의 침상머리에 앉아서, 신문이나 잡지를 얻어다가 읽어 주고 어떤 때는 흑인종으로 무지한 동족을 위해서 갖은 고생과 백인의 학대를 받으면서 큰 사업을 성취한 '부커 티 워싱턴' 같은 사람의 분투한 역사를 이야기해서 들려 주었다.

그러면서 한편으로는 농촌 운동에 관한 의견도 교환하여, 시간을 될 수 있는 대로 헛되이 보내지 않으려 하였다.

그러다가 밤이 깊어 영신이가 잠이 드는 것을 보고야, 동혁은 벽 하나를 격한 대합실로 가서 의자를 모아 놓고 그 위에 담요 한 자락을 덮고는 다시 갈피를 잡을 수 없는 공상에 잠겼다가 잠이 드는 것이었다.

"인전 갑갑해 못 견디시겠죠? 그렇지만 퇴원할 때까지는 꼭 붙들고 안 놀걸요."

하고 영신은 하루 한 번씩은 동혁을 놀리듯 한다. 아닌게아니라 동혁은 펄펄 뛰어다니던 맹수가, 별안간 철장 속에 갇힌 것 같아서 여간 갑갑하지가 않았다.

위험한 시기가 지나서 마음이 턱 놓이니까, 그 동안 바짝 옥죄였던 온몸의 신경과 근육이 가닥가닥 풀리는 듯 아무 데나 턱턱 눕고만 싶었

다. 사지가 뒤틀리도록 심심해하는 눈치를 챈 영신은,

"이런 기회가 아니면 나하구 이 주일씩이나 같이 있어 보시겠어요? 이것두 하나님의 덕택이지요."

하고는 염치 불구하고 하루라도 더 붙들려고만 든다.

"그 하나님 참 감사하군요. 죽도록 일을 한 상금으로 그 몹쓸 병이 나게 하고, 그것도 부족해서 배꺼정 쨴 게 다 하나님의 덕택이지요?"

동혁이도 영신이를 놀리며 청석골 교회의 장로처럼 합장을 하고 일부러 목소리를 떨며,

"오── 전지 전능하신 하나님, 감사 감사하옵나이다."

하고는 껄껄껄 웃어 젖힌다.

"그렇게 하나님을 놀리면 천벌이 내리는 법이야요. 아무튼 나 같은 사람을 영영 버리지 않으시고 이만큼이나 낫게 해 주신 게 다 하나님의 뜻이지 뭐야요?"

하고 영신은 사랑하는 사람을 곁눈으로 살짝 흘겨본다.

영신이가 평소에 동혁에게 대한 다만 한 가지 불평은 저와 같이 예수를 믿지 않는 것이다. 부모 형제간에도 종교를 믿는 것은 절대 자유요, 신앙은 강제로 할 수 없는 것인 줄 알면서도, 이 세상을 톡톡 털어도 단지 한 사람인 저의 애인이, 저와 똑같은 믿음을 가졌으면 얼마나 좋을는지 몰랐다. 믿지를 않으면 국으로 가만히나 있지를 않고, 제가 밥상 앞에서 눈을 내리감고 기도를 올릴 때면 곁에서 일부러 헛기침을 칵칵하기, 김이 무럭무럭 나는 찌개 냄비를 코 밑에다 들이대기가 일쑤다. 그럴 때면,

"저리 가세요! 자기나 안 믿으면 안 믿었지 왜 그렇게 비방을 해요?"

하고 여무지게 쏘아붙이기를 한두 번 하지 않았다. 그래서 그런 끝에는 처음으로 악박골 약물터에서 밤을 새울 때에 뿌리만 따다가 둔 종교 문제를 끄집어 내어 가지고 서로 얼굴에 핏대를 올려 가며 토론을 하였다.

동혁은 인류와 종교의 역사적 관계를 모르는 것도 아니요, 편협한 유물론자처럼 덮어놓고 종교를 아편과 같이 생각하지는 않으면서도, 근래에 예수교회가 부패한 것과, 교역자나 교인들이 더 떨어질 나위 없이 타락한 그 실례를 들어, 맹렬히 공격을 하는 것이었다. 그러다가는,

"권세에 아첨을 하다못해 무릎을 꿇고, 물질과 타협을 하다못해 돈 있는 놈의 주구가 되는, 그런 놈들 앞에 내 머리를 숙이란 말씀요? 그 따위 교회에 다니다간 정말 지옥엘 가게요!"

하고 마룻바닥에다 헛침을 탁 뱉았다. 그러나 영신은,

"교회 속은 누구버덤두 직접 관계를 해 온 내가 속속들이 잘 알아요. 아무튼 루터 같은 분이 나와서 큰 혁명을 일으키기 전엔 조선의 예수교회도 이대로 가다간 멸망을 당하고 말 게요."

하고 저 역시 분개하기를 마지않다가,

"나는 그리스도가 인류를 위해서 십자가에 피를 흘리신 그 정열과, 희생적인 봉사의 정열을 숭앙하고 본받으려는 것뿐이니까요. 그 점만은 충분히 이해해 주셔야 해요."

하고 변명을 한 후 새삼스러이,

"도대체 동혁 씨는 아무것도 믿으시는 게 없어요?"

하고 정중하게 질문도 하였다.

"천만에 믿는 게 없이야 사람이 살 수 있나요?"

하고 동혁은 두 눈을 끔벅끔벅하고 잠시 침묵하더니,

"똑똑히 들어 두세요. '익숙한 선장은 폭풍우를 만나면, 억지로 풍력에 저항하려는 어리석은 짓은 하지 않으니, 그렇다고 미리 절망을 해서 배가 풍파에 뒤집히도록 내버려 두지도 않는다. 항상 굳은 자신과 성산*을 가지고, 최후의 순간까지 온갖 지혜와 갖은 능력을 다해서

---

* 성산(成算) 성취할 가능성.

살아나갈 길을 열려고 노력한다.'라고 한 맥도날드란 사람의 말이 조선의 청년인 나로서의 인생 철학이구요. 이것도 학창 시대에 어느 책에서 본 것이지만, '아무리 약한 사람이라도 그 전력을 단 한 가지 목적에 기울여 쏟을 것 같으면, 반드시 성취할 수가 있다.'라고 한 칼라일이란 사람의 한 마디가 일테면 내 신앙이에요."

하고 실내를 거닐다가 한곡리 편으로 뚫린 유리창 밖으로 눈을 달리더니, 독백하듯이,

"곡식이 무럭무럭 자라는 시퍼런 벌판을 바라보는 게 내 눈을 시원하게 해 주는 그림이구요, 저녁마다 야학당에서 아이들이 글을 배우는 소리가 내 귀를 즐겁게 해 주는 음악이에요. 난 그 밖에는 철학이고 종교고 예술이고 다 몰라요. 더 깊이 알려고 들지도 않아요."

하고는 다시 입을 다물어 버렸다.

가장 불행한 일로 두 사람은 고요히 반성할 기회를 얻었다. 이 일 저 일에 책임을 무겁게 지고, 그야말로 연자매*를 돌리는 당나귀처럼 좌우를 돌아다볼 사이가 없이 눈앞에 닥치는 일만 하여 왔다.

사실 그들은 자기가 계획한 일을 맹렬히 실행은 하여 왔으나, 오늘날까지 실천해 온 것을 제삼자의 입장으로 냉정히 비판해 볼 겨를을 갖지 못하였던 것이다.

또는 그날 그날 노동을 해야만 먹고 사는 품팔이꾼처럼 먼 장래를 바라다보고 그 나아갈 길을 더듬어 볼 마음의 여유가 없이 지내온 것도 사실이 아닐 수 없었다.

동혁은 환자가 피로를 느끼지 않을 정도로 틈틈이 이야기를 하였다. 그러면 영신은,

∗ 연자매 말이나 소가 끌어 돌리게 하여 곡식을 찧는 큰 매.

"난 좀더 공부를 해야겠어요. 원체 무엇 한 가지 전문으로 배운 것도 없지만요, 그나마 인전 밑천이 달랑달랑하는 것 같아요."

하고 어떻게든지 공부를 더 할 의향을 보인다.

"그렇지요. 좀더가 아니라, 이제부터 공부를 하기 시작해야겠에요. 농촌 운동이란 결코 우리가 처음에 생각하던 것처럼 단순한 게 아닌 줄을 깨달았어요. 그렇지만 피차에 거의 삼사 년 동안이나 농촌 속으로 파고 들어가서 실지로 일을 했으니까, 그 체험한 걸 토대 삼아서 제일보부터 다시 내디뎌야 되겠는데, 그게 지금 형편으로는 용단하기가 어려워요. 아무튼 영신 씨는 이번에 퇴원하시면, 적어도 몇 해 동안은 육체적으로 힘든 일을 할 수 없으니까요. 병이 재발이 되는 날이면 정말 큰일이 날 테니 여간 주의를 하지 않으면 안 돼요. 청석골은 어느 정도까지 일에 터가 잡혔고, 영신 씨가 당분간 떠나 있더란대도, 원재 같은 착실한 청년들을 길러 놔서 학원 일은 해 나갈 만하니까 휴양하는 셈치고 떠나 보시는 게 좋겠지요."

동혁은 이번 기회에 영신이가 해외로라도 나가 보기를 권고한다. 저와 더 멀리 떨어져 있을 것은 무한히 섭섭하지만 만일 영신이를 다시 청석골로 보냈다가는 그의 성격이, 몸을 자유로 쓰게 되면 잠시도 쉬지 않고 또 그러한 과도한 노동까지라도 하지 않고는 배기지 못하는 것을 알고 있기 때문이다.

"지금도 연합회에서 명색 사업 보조비라고 보내 주는 게 있지요?"

"한 삼십 원씩 오더니 그나마 벌써 두 달째나 꿩 구워 먹은 자리*야 요. 거기서도 경비가 부족해서 쩔쩔들 매니까요."

"집으로 가서, 어머니 슬하에서 얼마 동안 쉬어 보시는 게 어떨까요?"

---

* 꿩 구워 먹은 자리 어떤 일을 감쪽같이 처리하여 그 뒤가 깨끗하거나 흔적도 남지 않을 때를 이르는 말.

"싫어요. 나는 그저 어디서든지 몸 성히 있다는 소식이나 전하는 게 효돈데, 이 꼴을 하고 집으로 기어들어 보세요. 가뜩이나 나 때문에 지레 늙으신 우리 어머니가 얼마나 간장을 태우실까."

"그도 그렇겠지만……."

동혁이도 좋은 방책이 나서지를 않았다.

"제에기, 우리 집 형편이 웬만만 하면……."

해 보기도 하나 그것도 공상이기는 매일반이다.

"동혁 씨는 앞으로 어떡하실 테야요?"

영신은 침대에서 반쯤 몸을 일으키며 묻는다.

"내야 한곡리 송장이 될 사람이니까요. 내가 없으면 처리할 수 없는 복잡한 문제가 많아서, 그 동안 나와서 있는데도 몹시 궁금한데……, 사실 아직은 믿을 만한 사람이 없에요."

하고 여러 날 빗질도 못 해서 부스스하게 일어난 머리를 북북 긁으며 한참이나 무엇을 생각한다.

"입때까지 우리가 한 일은 강습소를 짓고 글을 가르친다든지 무슨 회를 조직해서 단체의 훈련을 시킨다든지 하는, 일테면 문화적인 사업에만 열중했지만 앞으로는 실제 생활 방면에 치중해서 생산을 하기 위한 일을 해 볼 작정이에요. 언제는 그런 생각을 못 한 건 아니지만 외면치레가 아니고 내부적인 문제를 생각하고 또 실행해야 될 줄로 생각해요."

"참 그래요. 무엇보다도 먼저 생활이 있고서, 그 다음에 문화 사업이고 계몽 운동이고 있을 것 같아요."

영신도 매우 동감인 뜻을 보인다.

"그러니까 이런 점에도 우리의 고민이 크지요. 우린 가장 불리한 정세의 지배를 받고 있는 게 사실이니만큼, 우리 힘으로 할 수 있는 한도까지는 경제적인 사업까지 끈기 있게 할 결심을 새로 하십시다."

하고 두 사람은 밤 깊도록 그 구체적인 방법을 토론할 때도 있었다.

새로운 출발

동혁은 어느 날 아침, 아래와 같은 아우의 급한 편지를 받고 한곡리로 돌아왔다.

사업이 첫째고, 연애는 둘째, 셋째라고 하시던 형님이 여태 돌아오지를 않으시니 대체 웬일인지요? 그 동안 집에는 별고가 없지만 강기천이가 형님 안 계신 동안에 회원들을 농락해 가지고, 우리 회관을 뺏어들려고 하니, 이 편지 받으시는 대로 즉시 오세요. 건배 씨는 벌써 여러 날째 종적을 감추고 말았으니 이 일을 어떻게 하면 좋을까요?

황급히 연필로 갈겨 쓴 동화의 편지를 읽은 형은 얼굴빛이 변하도록 흥분이 되어서,
"까딱하면 십 년 공부가 도루아미타불이 될 테니까 곧 가 봐야겠어요."
하고 영신의 붕대 교환이 끝나는 것을 기다렸다. 영신이도,
"한 일 주일만 더 있으면 퇴원을 할걸요. 괜히 나 때문에……."
하면서도 이번에는 손을 놓을 수밖에 없었다.
"여러분이 저렇게 번차례로 와서 간호를 해 주시니까, 난 안심을 하고 가겠어요. 자아, 이번엔 우리 또 한곡리서 만납시다!"
하고 굳게 악수를 한 후 병실 문을 획 열고는 뒤도 안 돌아다보고 나와 버렸다. 영신은 침대 위에 엎드려 미안과 감사와 섭섭함에 몸둘 곳을 모르고 한 시간 동안이나 울었다. 두 눈이 붓도록 울었다. 곁의 사람들이,
"인제 두 분이 혼인만 하면 한평생 이별 없이 살 걸 이러지 마슈. 우

리 다른 얘기나 합시다."

하고 간곡히 위로를 해 주건만 영신은,

"어쩐지 또다신 못 만날 것만 같아요. 이번이 마지막인가 봐요!"

하고 베개 모서리를 쥐어뜯어 가며 느껴느껴 울었다.

동혁이도 무한히 섭섭하였다. 차마 발길이 돌아서지 않는 것을 영신의 눈물을 보지 않으려고 거머리를 잡아떼듯 하고 나오기는 했어도,

'이렇게 급히 떠날 줄 알았다면 우리 개인의 장래에 관한 것도 좀더 이야기를 해 둘걸.'

하는 후회가 길게 남았다. 그 동안 결혼 이야기만 나오면 서로 손가락 셋을 펴들어 보이며 입을 막았다. 그것은 '3개년 계획이 아직도 끝나지 않았다.' 는 표시였다. 그러나 동혁은,

'저이가 앞으로 어떡할 작정인가. 무슨 꿍꿍이셈을 치고 있나……?'

하고 매우 궁금히 여기는 영신의 표정을 몇 번이나 분명히 읽었다. 그렇건만,

'그런 얘기는 건강이 회복된 뒤에 해도 늦지 않다.'

하고 일부러 손가락 셋을 펴들어 보였던 것이다.

……이런 생각 저런 궁리에 동혁은 눈살을 펴지 못하고 집으로 돌아왔다. 한 쪽 노자는 준비해 가지고 갔었기 때문에 빨리 돌아올 수는 있었어도 아버지 어머니는 대뜸 이해 없는 꾸지람을 하는데 동화의 이야기를 듣고는 더 한층 우울해졌다. 저녁때에 들어온 사람이 밥상은 윗목에다 물려 놓고,

"그래, 기천이가 어떡했단 말이냐?"

하고 물었다. 또 어디서 술을 먹었는지, 눈의 흰자위가 벌겋게 충혈이 된 아우를 불러 앉히고 물었던 것이다.

"누가 알우. 기천이가 건배 씨를 자꾸만 찾아다니구 장에까지 데리고 가서, 아주 곤죽이 되도록 술을 먹이는 걸 두 차례나 봤는데, 지난번

일요회에는 떡 이런 소릴 꺼내겠지요."

"뭐라구?"

"암만해도 우리 회원 열두 사람만으론 너무 적은데, 회관도 이렇게 새로 짓고 했으니, 회원들을 더 모집하세. 그 김에 회를 대표하는 회장도 한 사람 유력자로 내야 관청 같은 데 신용을 얻기가 좋지 않겠나? 그러니 내 의견에 찬성하는 사람이면 손을 들라고 그러겠지요."

"그래서 몇이나 손을 들었단 말이냐?"

"나하고 정득이하고 그런 일은 급할 게 없으니, 형님의 말을 들어 보고 다시 의론도 해 봐야 경계가 옳지 않느냐고 끝까지 우기면서 손을 안 들었지요……."

"누구누구 들었단 말이야? 온 갑갑하구나."

"석돌이가 맨 먼저 드니깐 칠룡이 삼봉이 할 거 없이 여섯이나 들더군요."

"건배는 도대체 어느 편이야?"

동혁은 시꺼먼 눈썹을 일으켜 세우고, 아우가 무슨 일이나 저지른 것처럼 노려본다.

총회와 같은 형식을 밟지 않고도,

'회원 중 반수 이상의 추천이 있으면 입회를 할 수 있다.'

는 규약이 있기 때문에, 열두 사람 중에 반수가 이미 손을 들었으니까 건배 한 사람이 어느 편으로 기울어지기만 하면 좌우간에 작정이 될 형세다. '삼십 세 이하의 남자'라는 규정도 과반수의 의견이면 뜯어고칠 수가 있는 것이다.

"그래 건배는 어느 편으로 손을 들었단 말야?"

동혁은 버쩍 다가앉으며 꾸짖듯이 묻는다.

"물어 볼 게 뭐 있수? 강기천이를 입회시키는 데 찬성이지."

동혁은 입술을 깨물었다. 동화는,

"이젠 고 강기천이란 불가사리가 우리 회의 회장이유, 회장이야!"

하고 소리를 지르며 먼지가 나도록 주먹으로 기직 바닥을 친다. 그 동안 기천에게 매수를 당한 건배는 이른바 합법적으로 기천이를 회장으로까지 떠받들어 주고, 어디로 피신을 한 것이 틀림없다. 동화는 끝까지 반대를 하고 회관 마루청을 구르며,

"너희놈들은 돈을 처먹고 또 논마지기가 떨어질까 봐 겁이 나서 그 따위 수작을 하는지 모르지만 우리가 죽을 고생을 해서 지어 논 집을 만만히 내놓을 듯싶으냐? 죽어 봐라 죽어 봐. 어느 놈이 우리 회관엘 들어서게 하나. 강기천이 아니라 강기천이 할애비래두 다리 옹두라질 부러뜨려 놀 테다!"

하고 이빨을 뿌드득뿌드득 갈며 고함을 쳤다. 그 중에도 동혁에게 절대 복종을 하는 정득이는 분을 못 참고,

"우리는 회장이 일 없다! 우리 선생님 하나면 고만이다!"

하고 입에 게밥을 짓는데*, 회관의 쇳대를 맡은 갑산이는,

"이 의리 부동한 놈들 같으니라구, 우리가 누구 때문에 이만큼이나 깼느냐? 누구 덕분에 이만큼이나 단체가 되었느냐? 아 그래 우리 선생님이 없는 동안에 피땀을 흘려서 지은 집을 고리가시하는 놈한테 팔아먹어?"

하고 맨 먼저 손을 든 석돌이의 멱살을 잡고 주먹으로 볼을 후려갈겼다. 건배는 어느 틈에 꽁무니를 뺐는데, 석돌이와 찬성파는 침 먹은 지네 모양으로 꿈쩍도 못 하고 머리를 사타구니에다 틀어박고 앉았다. 칠룡이는 손을 들어 놓고도 양심에 찔리는지 훌쩍훌쩍 울고 앉았다. 찬성파는 하나도 빼놓지 않고 강 도사 집의 소작인들인 것이다.

---

* 게밥을 짓다 거품을 물고 말하다.

갑산이는 허리띠를 끄르더니, 쇳대를 세 번 네 번 이빨로 매듭을 지어 꼭꼭 옭매면서,

"우리 선생님 말이 없인 목이 베져두 안 내놀 테다!"

하고는 회원들이 나갈 때까지 지키고 섰다가, 회관 문을 단단히 잠근 다음 그 허리띠를 바짝 졸라맸다.

아우에게서 자세한 경과를 들은 동혁은, 영신에게 오래 있었던 것을 몇 번이나 후회하였다. 놀러 갔던 것은 아니었으나, 연애와 사업은 어떠한 경우에든지 양립하기 어렵다는 것을 절실히 깨달았다.

그보다도 금방 분통이 터질 듯이 분한 것을 참을 수 없었다. 기천이가 조만간 그러한 흉책을 써서 회관을 점령하려는 눈치를 짐작 못 했던 것도 아니니, 도리어 괴이쩍을 것이 없다. 그러나 이제까지 같은 지식 분자로 손을 잡고 동네 일을 시작하였고, 함께 온갖 고생을 참아 오던 건배가 마음이 변해서, 강기천의 주구* 노릇까지 하게 된 데는 피를 토하고 싶도록 분하였다.

과거의 자별하던 우정으로써 이번 행동을 호의로 해석하려는 마음의 여유를 가지려고 하면서도, 오직 원수의 구복* 때문에 참다 못해서 지조를 팔고, 다만 하나뿐이었던 동지를, 그나마 출타한 동안에 배반한 생각을 하니 눈물이 뜨끈하게 솟았다. 비록 중심은 튼튼치 못하나마 지사적 기개*가 있고 낙천가이던 건배로 하여금 환장이 되게까지 만든 이놈의 환경이…….

동혁은 금세 벙어리가 된 것처럼 입을 꽉 다물어 버렸다. 그러면서도,

'설마 건배가 쉽사리, 그다지 쉽게, 마음이 변했을라구.'

하고 두 번 세 번 아우의 말을 믿지 않으려고 무진 애를 썼다.

* 주구(走狗)   남의 앞잡이 노릇을 하는 사람.
* 구복(口腹)   끼니. 배고픔.
* 기개(氣槪)   씩씩한 기상과 꿋꿋한 절개.

동혁은 불도 안 켜고 누워서 될 수 있는 대로 냉정히 앞으로 어떻게 하면 좋을까를 생각해 보았다.

무슨 짓을 하든지 유일한 단체인 농우회를 삼사 년이나 근사*를 모아 지은 회관째 기천의 손에 빼앗길 수는 없다. 건배를 불러다가 책망을 하고, 기천이를 직접 만나 단단히 따지고 싶은 생각이 불현듯이 나지 않는 것은 아니지만, 적어도 회원의 반수 이상이 울며 겨자 먹기로 생활 문제 때문에 그 편에 가 들러붙게 된 이상 일시의 혈기로써 분풀이를 하는 것으로는 문제가 더 옭혀 들어갈지언정 원만히 해결은 되지 못할 것 같았다. 성미가 관솔같이 괄괄한 동화가,

"아, 고놈의 자식을 그대로 두고 본단 말유? 내 눈에만 띄어보. 뒈지지 않을 만큼 패주고 말 테니. 징역 사는 게 농사짓는 것보다 수월하다는데, 겁날 게 뭐유?"

하고 팔을 뽐내는 것을,

"아서라, 그건 모기를 보고 환도를 뽑는 격이지. 그보다 더 큰 적수를 만나면 어떡하련? 완력으루 될 일이 있구 안 되는 일도 있는 걸 알아야 한다. 넌 아직 나 하라는 대로 가만히 있어."

하고 타일렀다. 그것도 폭력으로는 되지 않을 성질의 일인 것을 알고 있기 때문이다. 그는 별별 생각을 다 해 보다가,

"한 가지 도리밖에 없다!"

하고 부르짖으며 발길로 벽을 걷어차고 일어났다.

"그들의 빚을 갚아 주는 것이다. 강가의 집 소작을 안 해 먹고도 살 수 있게 만들어 주는 것이다."

말은 간단하다. 단 두 마디밖에 안 된다. 그러나 그 간단한 말은 동혁의 어깨가 휘도록 무거웠다. 현재의 저의 미약한 힘으로는 도저히 실행

---

* 근사(勤事) 일에 공들임.

할 가능성이 없는 일일 것 같았다.

그 근본책을 알고도 손을 대지 못하는 동혁의 고민은 컸다.

"결국은 한 그릇의 밥이 인간의 정신을 지배한다. 더군다나 농민은 먹는 것으로 하늘을 삼는다고 옛날부터 들어 내려오지 않았는가."

이것이 흔들어 볼 수 없는 철칙*인 이상 이제까지는 그 철칙을 무시는 하지 않았을망정, 첫 손가락을 꼽을 만큼 중대히 생각을 하지 않았던 것만은 스스로 부인할 수 없었다.

'그것은 나 자신이 농촌의 태생이면서도 아직까지 밥을 굶어 보지 못한 인텔리 출신인 까닭이다.'

하고 동혁은 저 자신을 비판도 하여 보았다.

'이제까지 단체를 조직하고, 글을 가르치고, 회관을 번듯하게 지으려고 한 것은, 요컨대 메마른 땅에다가 암모니아나 과인산석회 같은 화학 비료를 주어 농작물이 그저 엄부렁하게 자라는 것을 보려는 성급한 수단이 아니었던가?'

동혁은 냉정히 제가 해 온 일을 반성하는 나머지에,

'먼저 밑거름을 해야 한다. 흠씬 썩은 퇴비를 깊숙이 주어서 논바닥이 시꺼멓도록 걸게 한 뒤에 곡식을 심는 것이 일의 순서다. 그런데 나는 그 순서를 바꾸지 않았던가?'

하고 혼자말을 하며 또다시 눈을 딱 감고 앉았다가,

'집 한 채를 가지고 다툴 때가 아니다. 동지가 배반한 것을 분하게만 여기고 흥분할 것이 없다.'

하고 무릎을 탁 치고 일어서서 좁은 방 안을 왔다갔다하다가,

'이번 기회에 영신에게도 선언한 것처럼, 제일보부터 다시 내디디지 않으면 안 된다. 표면적인 문화 운동에서 실질적인 경제 운동으

---

* 철칙(鐵則) 바꾸거나 어길 수 없는 규칙.

로……'

결론을 얻은 동혁은 방으로 들어가 그제야 불을 켜고 서랍 속에서 동리 사람과 회원들의 수입 지출이며, 빚을 진 금액까지 상세히 적어 넣은 이세 일람표를 꺼냈다. 그것은 회원들이 여러 달을 두고 조사해 온 것으로 매우 정확한 통계였다.

그 때였다. 문 밖에서 두런두런 하는 소리가 들리더니,

"선생님 오셨지요!"

하고 반대파의 회원들이 정득이를 앞장세우고 마당으로 들어섰다.

방 안에 가득 들어앉은 회원들의 입에서 비분에 넘치는 호소를 받을 때 동혁이도 다시금 흥분이 되지 않는 것은 아니건만,

"참세 참아. 참을 수 없는 걸 참는 게 정말 참을 줄 아는 거라네."

하고,

"아무튼 너무 떠들면 일이 되레 크게만 벌어지는 법이니 얼마 동안 모든 걸 내게 맡겨 주게. 따로 생각하는 일도 있으니……."

하고 거듭 제가 그 동안에 동리를 떠나 없었던 것을 사과하였다. 그러나 정득의 입에서,

"건배 씨는 기천이 주선으로 군청에 서기가 돼서, 아주 이사를 간대요. 한 달에 월급이 삼십 원이라나요."

하는 말을 들을 때 동혁은 다시 한 번 놀랐다. 그러면서도,

"설마 그렇기야 할라구. 자네들이 잘못 들었지."

하고 그 말까지는 믿지를 않으니까,

"잘못 알다께요. 오는 길에 안에서 이삿짐까지 싸는 걸 봤는데요."

그 말을 듣고도 동혁은 머리를 흔들었다. 군서기가 그렇게 짧은 시일에 용이하게 되는 것도 아니요, 또는 건배가 오래 전부터 뒷구멍으로 운동을 하였으리라고는 콩으로 메주를 쏜대도 곧이들려지지 않았다.

또는 그에게는 소학교 교원 노릇을 할 자격까지 빼앗긴 것을 잘 알고 있는 터이라,

"그럴 리는 만무하지."

하면서도 실지를 검사하듯이 이삿짐을 싼다는 건배의 집에는 가 보기도 싫었다.

이튿날 이른 아침 동혁은 평일과 조금도 다름없이 일어나, 회관으로 올라가서 기상 나팔을 불었다. 새벽녘부터 철 아닌 궂은 비가 오는 까닭인지, 회원은 물론 다른 조기회원도 올라오는 사람은 그 전의 오분의 일도 못 된다. 그 분요*통에 건배까지 종적을 감추어서 조기회조차 지도자를 잃고, 흐지부지 해산을 한 것과 마찬가지다.

동혁은 웃통을 벗어 붙이고 비를 맞으며 체조를 하였다. 다른 사람들은 그제야 이불 속에서,

"에에키, 동혁이가 왔군."

하고 기지개를 켜고 있었다.

동혁은 구름이 잔뜩 낀 하늘과 같이 우울해진 머리를 떨어뜨리고 내려왔다.

'어쨌든 나 헐 도리는 차려야 한다.'

하고 내려오는 길에 건배의 집에를 들렀다.

"건배."

하고 불러도 대답이 없는데, 마당으로 들어서 보니, 시렁 위에 있는 헌 고리짝을 내려서 빨랫줄로 묶어 놓은 것과, 바가지와 귀 떨어진 옹솥*을 떼어서 돈대* 위에다 올려놓은 것을 보고 그제야,

---

* **분요**(紛擾) 분란. 어수선하고 떠들썩함.
* **옹솥** 옹기로 만든 솥.
* **돈대**(墩臺) 조금 높직한 평지.

손돌목 돈대

'정말 이사를 가려는 게로구나.'

하고 다시 한 번,

　"건배 있나?"

하고 안방으로 대고 목소리를 높였다.

　"아이고, 난 누구시라구요. 그저께 나가서 그저 안 들어왔어요."

하고 젖을 문 어린애를 안고 나오는 것은 건배의 아내다. 세수도 안 해
서 머리는 쑥방석 같고 그 동안에 더 찌들어 보이는 얼굴에는 수심이
가득 찼다.

　'그 동안에 속이 상해서 저 꼴이 됐나 보다.'

하고 동혁은,

　"어딜 갔어요?"

하고 물어 보았다. 건배의 아내는 떼어다만 놓고 닦지도 않아서 검정이
시꺼멓게 앉은 옹솥을 내려다보더니,

　"이 정든 고장을 어떻게 떠난대요?"

하고 금세 목이 멘다.

　"아 떠나다께요?"

　동혁은 짐짓 놀라며 묻지 않을 수 없었다. 그는,

　"뭘, 벌써 다 들으셨을걸……."

하고 눈물이 글썽글썽해서 마당만 내려다보더니,

　"참 영신 씨가 병이 대단하다죠?"

하고 딴전을 붙이듯 한다.

　"이젠 많이 나았어요."

　동혁은 의형제까지 한 두 사람의 정의를 생각하며 대답하였다. 그러
면서 더 자세한 말은 묻기도 싫고, 그렇다고 그대로 갈 수도 없어서, 잠
시 추녀 밑에서 빗발을 내려다보며 서성거리는데,

　"주호야."

하고 어린것의 이름을 부르며 비틀거리고 들어서는 사람! 그는 앞을 가누지 못하도록 술이 취한 이 집의 주인이었다.

썩은 생선의 눈처럼 뻘겋게 충혈이 된 건배의 눈이, 동혁의 샐쭉해진 눈과 딱 마주치자, 그는 전기를 맞은 것처럼 우뚝 섰다. 한참이나 억지로 몸을 꽂고 섰다가,

죽여 줍시사 하는 듯이 머리를 폭 수그리더니,

"여보게 동혁이!"

하고 와락 달려들어 손을 잡는다. 동혁의 표정도 점점 심각해진다.

"여보게 동혁이! 나 술 먹었네, 술 먹었어. 자네 덕분에 끊었던 술을, 삼 년째나 끊었던 술을 먹었네. 그저께 저녁버텀 죽기 작정하고 막 들이켰네. 참 정말 죽겠네 죽겠어. 이 사람 동혁이, 팔아먹은 양심이 아직도 조금은 남았네그려!"

하고 앙가슴을 헤치고 주먹으로 꽝꽝 치더니, 동혁의 어깨에 가 몸을 턱 실리며,

"여보게, 내 이 낯짝에 침을 뱉어 주게! 어서 똥물이래두 끼얹어 주게! 난 동지를 배반한 놈일세. 우리 손으로 지은, 피땀을 흘려서 진 회관을, 아아 그 집을 그 단체를 이놈의 손으로 깨뜨린 셈일세!"

하고 진흙 바닥에 가 펄썩 주저앉더니 흑흑 느끼면서,

"내가 형편이 자네만 해도, 두 가지 맘은 안 먹었겠네. 내 딴엔 참기도 무척 참았지만 원수의 목구멍이 포도청이니 어떡허나? 앞 못 보는 늙은 어머니허구 하나 둘도 아닌 어린 새끼들허구, 이 입술에도 풀칠을 해야 살지 않겠나?"

하고 사뭇 어린애처럼 엉엉 울면서,

"우리 내외는 남몰래 굶기를 밥 먹듯 했네. 못 먹고도 배부른 체하기란 참 정말 힘드는 노릇이네. 하지만 어른은 참기나 하지. 조 어린것

들이야 무슨 죄가 있나? 우리 같은 놈한테 태어난 죄밖에, 이승에 무슨 큰 죄를 졌단 말인가? 그것들이 뻔히 굶네그려. 그 작은창자를 채우지 못해서 노랑방퉁이가 돼 가지구 울다울다 지쳐 늘어진 걸 보면, 눈에서 이 아비놈의 눈에서 피눈물이 나네그려."

하고 떨리는 입술로 짭짤한 눈물을 빨면서 문지방에다가 머리를 들비비더니, 눈물 콧물로 뒤발을 한 얼굴을 번쩍 쳐들며,

"여보게 동혁이, 자넨 인생 최대의 비극이 무엇인 줄 아나? 끼니를 굶고 늘어진 어린 새끼들의 얼굴을 들여다보는 걸세! 그것들을 죽여 버리지도 못하는 어미 아비의 속을 자네가 알겠나?"

하고 부르짖으며 손가락을 피가 나도록 물어뜯는다.

동혁은 팔짱을 끼고 서서 잠자코 건배의 독백을 들었다. 적*덩어리 같은 그 무엇이 치밀어오르는 듯한 것을 억지로 참고 섰으려니, 건배만큼이나 마음이 괴로웠다.

비록 술은 취했으나마 그 기다란 몸을 진흙 바닥에다 굴리면서 통곡을 하다시피 하는 것을 볼 때 달려들어 마주 얼싸안고 실컷 울고 싶었다. 가슴이 미어지는 것 같아서 말대꾸도 못 하였다. 아내가 듣다 못해서 마당으로 내려오며,

"이거 창피스레 왜 이러우, 어서 들어갑시다. 제발 방으루나 들어가요."

하고 잡아끌어도 건배는 막무가내로 뻗디딘다*. 동혁은 그제야 건배의 겨드랑이를 부축해 일으켰다.

"여보게, 건배! 어서 일어나게. 가을이 돼도 벼 한 섬 못 들여 놓고 지낸 자네 사정을 어찌 내가 모르겠나. 이런 경우에 자네를 힘껏 붙잡지를 못하는 게 무한히 슬플 뿐일세. 이번에 가면 아주 가겠나. 또다

---

* 적(炙) 어육을 대꼬챙이에 꿰어서 양념하여 구운 음식.
* 뻗디디다 발에 힘을 주고 버티어 디디다.

시 모일 날이 있겠지 더 단단히 악수를 할 날이 있겠지. 난 이 마당에서 다른 말은 하기가 싫으이. 기왕 그렇게 된 일이니 자네의 맘이 다시는 변치 말고 있다가, 더 큰 일을 할 때 만날 것을 믿구 있겠네!"

건배는 동혁이가 뜻밖에 조금도 저의 탓을 하거나 몰아대지를 않는 것이 고마워서 동혁의 손을 힘껏 잡으며,

"이 손을 어떻게 놓나 응? 이 손을 어떻게 놔. 이 한곡리를 차마 어떻게 떠난단 말인가. 정을 베는 칼은 없어! 없나? 인정을 베는 칼은 없어?"

하고 손을 벌리더니, 연기에 시꺼멓게 그을고 밑동이 반이나 썩은 마룻기둥을 두 팔로 부둥켜안고 울음 섞인 목소리로,

한 줌 흙도 움켜쥐고
놓치지 말아라
이 목숨이 끊지도록
북돋우며 나가세!

하고 '애향가' 끝 구절을 목청껏 부르더니, 그 자리에 쓰러지며 흑흑 느끼기만 한다.

그의 머리와 등허리에는 찬비가 어느덧 진눈깨비로 변해서 질금질금 쏟아져 내린다.

건배가 떠나는 날 동혁은 오 리 밖까지 나가서 전송을 하였다. 몇 해 전 교원 노릇을 할 때에 입던 것인지, 무릎이 나가게 된 쓰메에리* 양복을 입고 흐느적흐느적 풀이 죽어서 걸어가는 뒷모양을 동혁은 눈물 없이는 바라다볼 수가 없었다. 밝기도 전에 도망꾼과 다름없이 떠나는 길

---

* 쓰메에리 양복 깃을 4㎝쯤 되게 하여 목을 둘러 바싹 여미게 지은 양복.

이라, 작별의 인사나마 정답게 하러 나온 사람도 두엇밖에는 눈에 띄지 않았다.

어린것들을 이끌고 눈에 잠이 가득한 작은애를 들쳐 업은 건배의 아내는 눈물이 앞을 가려서 걷지를 못하다가, 동리가 내려다보이는 마루터기 위까지 올라가서는 서리 찬 풀밭에 펄썩 주저앉았다. 한참이나 자기가 살던, 동리의 산천과 오막살이들을 넋을 잃고 내려보다가, 남편에게 끌려서 그 고개를 넘으면서도 돌아다보고 하는 것이 먼빛으로 보이더니, 그나마 아침 햇빛을 등지고 안계*에서 사라져 버렸다.

기천이가 건배의 빚을 갚아 주고 신분까지 보증을 하여서, 하루 일급을 받는 임시 고원*이 되어 간다는 것은 그의 아내의 입을 통해서 알았다. 군청에 사람이 째서 몇 달 동안 서역*을 시키려고 임시로 채용한 것이니까, 그나마 언제 떨어질는지 모르는 뜨내기 벌이다. 그러나 조만간 끊어질 줄 알면서도 건배는 그만한 밥줄이나마 물지 않을 수가 없었던 것이다. 동혁은 동리로 돌아오면서,

"오는 자를 막기도 어렵고, 가는 자를 억지로 붙들 수도 없는 노릇이다."

하고 긴 한숨을 짓고는, 그 길로 회원의 집을 따로따로 호별 방문을 하였다. 그것은 강기천이와 겯고틀려는* 음모를 하려는 것도 아니요, 반대 운동을 일으키려고 책동을 하려는 것도 아니었다.

"자아, 우리 기왕에 그렇게 된 일을 가지구 왁자지껄 떠들기만 하면 무슨 소용이 있나? 누가 잘 하구 잘못한 것도 따지지 말구 어느 시기까지는 우리가 할 일만 눈 딱 감고 하세."

하고는 미리 불평을 막았다. 그는 기천에게 매수된 회원에게도 똑같은 태도로 임하였다. 석돌이와 칠룡이 같은 회원은 동혁을 보더니, 질겁해

---

* 안계(眼界) 바라볼 수 있는 범위.
* 고원(雇員) 고용원. 직원.
* 서역(書役) 글씨 쓰는 일.
* 겯고틀다 서로 어긋나 틀어지다.

서 쥐구멍으로라도 들어가려고 드는 것을,

"허어 이 사람, 내 얼굴을 바로 쳐다보지 못할 짓들을 누가 하랬나?"

하고 너그럽게 웃어 보이면서, 전일과 조금도 다름없이 은근하게,

"난 이런 생각을 하는데, 자네들 의향은 어떨는지?"

하고 조끼 주머니에서 서류를 꺼내 놓으며,

"자, 누구누구 할 것 없이, 우리 어떻게 빚버팀 갚을 도리를 차려 보세. 빚진 죄인이라구 남의 앞에 머리를 들고 살려면 우선 빚버팀 벗어 넘겨야 하지 않겠나?"

"그야 이를 말씀이에요."

어느 회원은 동혁이가 은행의 담이나 뚫어 가지고 온 것처럼 그 말에는 귀가 번쩍 뜨이는 눈치다.

"그렇게만 되면야, 우리두 다리를 뻗구 자겠지만……."

하면서도 무슨 방법으로 갚자는지를 몰라서 동혁의 턱을 쳐다본다.

"그런데 우리 회원들이 강 도사 집에 농채*니 상채*로 또는 혼채*로 진 빚을 쳐 보니까, 본전만 거의 사백 원이나 되데그려. 그러니 또박또박 오 푼 변을 물어 가면서 기한에 못 갖다 바치면, 그 변리까지 추켜 매서 그 원리금에 대한 오 푼 변리를 또 물고 있지 않은가? 허구보니 자네들의 빚이 벌써 얻어 쓴 돈의 삼 배도 더 늘었네그려. 주먹구구로 따져 봐두 천사백 원 턱이나 되니, 자네들이 무슨 뾰족한 수가 생겨서, 그 엄청난 빚을 갚아 보겠나!"

"어이구, 일천사백 원!"

갑산이가 새삼스럽게 놀라며 혀를 빼문다.

"그게 또 자꾸만 새끼를 칠 테니 어떻게 되겠나? 몸서리가 쳐지도록

---

* 농채(農債) 농사짓는 일로 진 빚.
* 상채(喪債) 초상을 치르느라고 진 빚.
* 혼채(婚債) 혼인을 치르느라고 진 빚.

무섭지가 않은가?"

"그러니, 세상 별별 짓을 다 해도 갚을 도리가 있어야죠. 그저 텃도지도 못 물고 있는 사람이 반이나 되는데요."

"그러길래 말일세. 그 빚을 어떻게 갚든지 내게다만 죄다 맡겨 주겠나? 그것부터 말하게."

"그야 두말할 게 있에요. 빚만 갚게 해 주신다면 맡기고 여부가 없습죠."

하는 것이 이구동성이다.

"그럼, 나 하는 대루 꼭 해야 하네. 나중에 두말 못하느니."

하고 동혁은 두 번 세 번 뒤를 다졌다.

동혁은 회원이 빚을 얻어 쓴 날짜와 금액을 적은 장부를 꺼내더니,

"그러면, 우리 이럭허세. 우리가 삼 년 동안 공동답을 짓고, 닭과 돼지를 쳐서 모은 것하고, 이용 조합과 이발 조합에서 저금한 걸 따져 보니까, 회관을 지은 것은 말고도 사백육십여 원이나 되네."

하고 일 전 일 리도 틀림없이 꾸며 놓은 회의 여러 가지 장부와 대조를 시켜 보인다.

"야아, 그런 줄 몰랐더니 꽤 많구나!"

하고 회원들은 저희들의 저금한 액수가 뜻밖에 많은 데 놀란다.

"그러길래 티끌 모아 태산이라지. 하지만 그걸 열둘로 쪼개면 한 사람 앞에 삼십팔 원 각수밖에 더 되나?"

동혁의 말을 듣고 보니 아닌게아니라 결코 많달 것이 없는 금액이다.

동혁은 회원들의 기색을 살펴보며,

"우리 그 동안 비럭질(거저 일을 해 주는 것)을 해 준 셈만 치고, 그걸로 몽땅 빚을 갚아 버리세. 나는 간신히 그 집에 빚을 안 졌지만, 내 몫하고 동화 몫이 남는데 건배 군은 취직을 한 모양이니까, 세 사람

몫은 거저 내놓겠네. 그럼 그걸루 많이 얻어 쓴 사람하구 적게 얻어 쓴 사람하구, 액수를 평균하게 만들 수가 있지 않은가?"

회원들은 얼른 대답하는 사람이 없다. 좋고 그르다는 것은, 그네들의 표정이 없는 얼굴을 보아서는 모른다. 몇몇 해를 두고 쪼들리던 부채를 갚아 준다니, 귀가 번쩍 뜨이나, 죽을 애를 써서 모은 것을 송두리째 내놓는다는 데는 여간 섭섭지가 않은 눈치다. 어린애는 배기 전에 포대기 장만부터 한다고, 그 돈을 눈 딱 감고 늘여서 돈 백 원이나 바라보면, 토담집이라도 짓고 나와서, 남의 도지 집을 면해 보려고 벼르고 있는 회원이 거지반이었던 것이다.

"섭섭할 줄은 아네. 하지만 눈앞에 뵈는 게 아니라구, 그 빚을 그대루 내버려 두면, 나중에 무슨 수로 갚아 보겠나? 칠룡이 같은 사람은 돌아간 아버지 술값까지 짊어졌으니까, 억울한 줄은 모르는 게 아닐세만…… 억지루 하자는 게 아니니 싫으면 더 우기지 않겠네."

하고 동혁은 슬그머니 얼러도 보았다. 그런 잇속에는 셈수가 빠른 석돌이는,

"선생님이 첫해부터 우리하구 똑같이 고생을 하신 것까지 내놓으신다는데, 두말 할 사람이 누구에요? 너무나 고맙고 염치없는 일입죠."

하고 동혁을 빤히 쳐다보더니,

"그럼, 변리는 어떡하고 본전만 갚나요?"

한다. 그 말에 정득이와 칠룡이도 매우 궁금하였다는 듯이,

"그러게 말씀에요. 배보다 배꼽이 커졌는데……."

하고 거의 동시에 질문을 한다.

"궁금할 줄도 알았네. 그러길래 무슨 수단을 쓰든지 내게다만 맡겨 달라고 하지 않았나?"

"안 될걸요. 이마에 송곳을 꽂아두 진물 한 방울 안 나올 사람인데 애당초 생의도 마시지요."

"아, 노린전* 한 푼에 치를 떨고, 사촌간에도 꼭꼭 변리를 받는 사람이, 더군다나 소리 없는 총이 있으면 놓지를 못해하는* 우리들의 변리를 탕감해 주겠에요? 어림없지, 어림없어."

하고 머리들을 내젓는 것을 보고, 동혁은,

"이 사람, 경우에 따라선 병법을 거꾸로 쓰는 수도 있다네……."

하고 자신 있는 듯이 간단히 대답하고 나서,

"헌데 한 가지 꼭 지켜야 할 게 있네. 내가 그 집엘 다녀오기 전엔 누구한테나 이 말을 입 밖에도 내선 안 되네. 그 사람이 미리 알면 다틀릴 테니 명심들 하게. 그런데 온 전화통*이 있어서……."

하고 슬쩍 석돌이를 흘겨본다. 정득이도 석돌이와 칠룡이를 노려보며,

"천엽에 가 붙구 간에 가 붙구 하는 놈은 이젠 죽여 버릴 테야 죽여버려!"

하고 이를 뿌드득 갈며 벼른다.

아무리 비밀을 지키라고 당부를 해도 저녁 안으로 그 말이 새어서 기천의 귀에까지 들어갈 것을 동혁이가 모를 리는 없다. 건배를 작별하고 오다가, 기천이가 자전거를 타고 신작로로 달려가는 것을 제 눈으로 보았다. 기만이가 형이 술에 취해서 자는 사이에 빚을 놓아 먹으려고 금융 조합에서 찾아온 돈을 오백 원이나 훔쳐 가지고 도망을 가서 형이 서울로 쫓아 올라갔다는 소문이 벌써 파다하게 났기 때문에 적어도 사오 일 내로는 돌아오지 못할 줄 알았던 것이다.

그 동안 여러 날을 두고 동혁은 사방에 흩어진 돈을 모아들이느라고 자전거를 얻어 타고 분주히 돌아다녔다. 조합에 예금했던 것은 손쉽게 찾았지만 그 나머지는 받기가 여간 힘이 들지 않았다. 그러나 요행으로

---

* 노린전 매우 적은 액수의 돈.
* 소리 없는 총이 있으면 놓지를 못해하는 들키지만 않는다면 죽이고 싶도록 밉다는 뜻.
* 전화통 여기서는 말을 일러바치는 사람을 뜻함.

추수를 한 뒤라, 다른 때보다는 융통이 잘 되어서, 기천이가 내려오기 전날까지 그 액수가 거의 다 들어섰다.

기천은 조끼 안주머니에다가 똘똘 뭉쳐서 넣고 자던 돈을 아우에게 감쪽같이 도둑을 맞고 눈이 발칵 뒤집혀서 으레 서울로 갔으려니 하고 뒤를 밟아 쫓아 올라갔다.

그러나 서울은 공진회* 때와 박람회 때에 구경을 했을 뿐이라, 생소해서 무턱대고 찾아다닐 수도 없어, 경찰서에 수색원까지 계출*했건만 친형제간에 돈을 훔친 것은 범죄가 구성되지 않기 때문에 도리어,

'찾게 되면 통지할 테니 내려가 있으라.'

는 주의를 받고 그 아까운 노자만 쓰고 내려왔다.

집에 와서는 콩 튀듯 팥 튀듯 하며, 만만한 집안 식구에게만 화풀이를 한다는 소문이 벌써 동혁의 귀에도 들어갔다. 동화에게 석돌이나 그 집에 가까이 다니는 사람을 감시하게 하는 한편으로 머슴애를 꾀송꾀송해서 물어 보면 단박에 염탐을 할 수가 있다.

'화가 꼭두까지 오른 판인데, 잘 들어먹을까?'

하면서도 동혁은 더 기다릴 수가 없어서, 저녁을 든든히 먹은 뒤에 큰 마을로 기천이를 찾아갔다. 가는 길에도,

'농촌 운동을 하는 사람이라도, 너무 외곬으로 고지식하기만 하면, 교활한 놈의 꾀에 번번이 속아 떨어진다. 과거의 경험으로 보더라도 제 양심을 속이지 않는 정도로는 꾀를 써야 하겠다.'

하고 종래와는 수작하는 태도를 변해 보리라 하였다.

사랑 마당에서 으흠, 으흠, 기침을 하니까,

"누구냐?"

하고 되바라진 소리를 지르며 내다보는 것은 바로 기천이다.

---

* 공진회(共進會) 박람회와 산업 제품 품평회를 합쳐 놓은 것.
* 계출(屆出) '신고'의 옛말. 국민이 의무적으로 행정 관청에 일정한 사실을 보고하는 일.

"그 동안 경행*을 하셨더라지요?"

하고 동혁은 뻣뻣한 소리를 될 수 있는 대로 굽혀 보였다.

"아, 동혁인가? 그렇잖아도 좀 만나려고 했더니……."

기천은 마루에 나오며, 한 십 년 만에 만나는 친구처럼,

"어서 이리 들어오게."

하면서 동혁을 반가이 맞아들인다. 제가 한 깐이 있고, 반대파의 회원들이 저의 집을 습격이나 할 듯이 행세가 위태위태한데, 그 질색할 놈의 동화는 저를 보면 죽이느니, 다리를 분질러 놓느니 하고 벼른다는 소문을 벌써 듣고 앉았었다. 속으로는 겁이 잔뜩 나서 동네 출입도 못하고 들어앉았는 판에 몇 번씩 불러도 오지를 않던 동혁이가 떡 들어서는 것을 보니, 가슴이 달칵 내려앉았다. 그렇건만 그 순간에,

'옳지 마침 잘 왔다. 너만 구슬러 놓으면야 다른 놈들쯤이야.'

하고 얕잡고는 친절을 다해서 동혁을 붙들어 올린 것이다. 동혁이가,

"계씨도 서울 가셨다지요? 풍편에 놀라운 소리가 들리더군요. 그래 얼마나 상심이 되세요?"

하고 화평한 낯빛으로 동정해 주니까,

"허어, 거 온 창피스러워서…… 속상하는 말이야 다 해 뭘 하겠나. 그 야말로 아는 도끼에 발등을 찍힌 셈이지."

하고 매우 아량이 있는 체를 한다. 동혁은 다른 말이 나오기 전에 먼저 기를 누르려고,

"참 이번 저 없는 동안에, 귀찮은 일을 맡으시게 됐더군요."

하고 아픈 구석을 꾹 찔러 보았다. 기천은 의외로 동혁의 말씨가 부드러운 데 안심이 되는 듯,

"하 이 사람, 자네가 먼저 말을 꺼내네그려. 난 백죄* 꿈도 안 꾼 일

---

* 경행(京行) 서울 여행.
* 백죄 '백주' 의 사투리. 대낮에.

110 심훈

을, 건배랑 몇몇이 누차 찾아와서 벼락감투를 씌우데그려. 자네네 일까지 덧붙이기로 해 달라니, 젊은 사람들이 떠맡기는 걸 이제 와서 마다는 수도 없구……. 그래서 자네하고 얘기를 좀 하려고 만나려던 찬데, 참 마침 잘 왔네."

하고 강아지가 꼬리를 흔들 듯이 뾰족한 발끝을 달달달 까분다.

"그야 인망으로 되는 일이니까요. 진작 일을 봐 줍시사구 여쭙질 못한 게 저희들의 불찰이지요."

그 말에 기천은 발딱 몸을 일으키며,

"가만 있게. 우리 오늘 같은 날이야 한잔 따뜻이 마시면서 얘기를 하세."

하고 요릿집에서 하던 버릇인지, 안으로 대고 손뼉을 딱딱 친다.

전일과 똑같은 대중의 술상이 나왔다. 그러나 오늘은 어란과 육포 조각까지 곁들여 내온 것을 보니, 특별 대우를 하는 모양이다.

"여보게, 오늘은 한 잔 들게. 사람이 고집이 너무 세도 못 쓰느니."

하고 권하는 대로,

"그럼, 나 먹는 대로 잡수실 테지요?"

하고 동혁은 커다란 주발 뚜껑으로 밥풀이 둥둥 뜬 노란 전국*을 주르르 따랐다.

"자 먼저 한 잔 드시지요."

"어 이 사람, 공복인데 취하면 어떡허나. 요새 연일 과음을 해서……."

하면서도 기천은 동혁이가 먹는다는 바람에 숨도 안 쉬고 쭉 들이켰다. 이번은 동혁이가 불가불 마셔야 할 차례다. 동혁은,

---

* 전국 군물을 타지 않은 술 따위의 국물.

"이거 정말 파계를 하는군요."

하고 주발 뚜껑이 찰찰 넘치도록 받아 놓았다. 동혁은 본디 주량이 없는 것이 아니다. 고등 농림의 축구부 주장으로 시합에 우승하던 때에는 응원대장이 권하는 대로 정종을 두 되 가량이나 냉수 마시듯 하고도 끄떡도 안 하던 사람이다.

"어서 들게."

"네, 천천히 들지요."

그러나 이만 일로 여러 회원과 오늘날까지 굳게 지켜 오던 약속을 깨뜨릴 수도 없고, 그 잔을 내지 않을 수도 없어서 어름어름하고 안주만 집는 체하는데, 안에서 계집애가 나오더니,

"아씨가 잠깐 들어옵시래유."

한다. 기천은,

"왜?"

하고 일어서며,

"아 이 사람, 어서 들게."

하고 마시는 것을 감시하려고 한다. 동혁은 술잔을 들었다. 돌아앉으며 단숨에 벌떡벌떡 들이키는 것을 보고야 기천은,

"허어 어지간하군."

하고 안으로 들어간다. 저녁상을 내보낼까 물어 보려고 불러들이는 눈치다. 동혁은 씽긋 웃으며 술잔을 입에서 떼는데 술은 그대로 있다. 능청스럽게 소매로 입을 가리고 들이마시는 시늉만 내보인 것이다. 그 술을 얼른 주전자에다 도로 따르고, 이번에도 안주를 드는 체하고 있는데 기천은 벌써 얼굴에 술기운이 돌아가지고 나온다. 동혁은,

"무슨 술이 이렇게 준합니까*? 벌써 창자 속까지 찌르르한데요."

＊준하다 맛이 진하거나 독하다.

하고 진저리를 치는 흉내를 낸다.

"기고*도 계시고 해서, 가양*으로 조금 빚어 논 모양인데 품주*는 못 돼두 그저 먹을 만허이."

"이번엔 주인 어른께서 드셔야지요."

"온, 이거 과한걸."

"못 먹는 저두 먹었는데요. 참 제가 술 먹은 걸 회원들이 알아선 안 됩니다."

"그야 염려 말게. 내가 밀주해 먹는 소문이나 내지 말게. 겁날 건 없네만……."

하고 기천은,

"핫 하하하."

하고 간드러지게 웃으며 잔을 들더니 엄지손가락을 제친다.

"이왕이면 곱빼기루 한 잔 더 하시지요. 저두 따라 먹을 테니."

동혁은 석 잔째 가득히 따라 올렸다.

"아아니, 자네 사람을 잡으려나? 이렇게 폭배*를 하곤 견디는 수가 있어야지."

하면서도,

'어디 누가 못 배기나 보자.'

는 듯이 상을 찌푸리고 꼴딱꼴딱 마셔 넘긴다. 동혁은 기천의 목줄띠에 내민 뼈끝이 올라갔다 내려갔다 하는 것을 바라보다가,

'이번엔 어떡하나.'

하면서도 그 술잔을 받지 않을 수는 없었다.

"어서 들게. 입에 안 댔으면 모르거니와, 사내 대장부가 그만 술이야

---

* 기고(忌故) 기제사를 지내는 일, 또는 그 제사.
* 가양(家釀) 집에서 술을 빚음.
* 품주(品酒) 품질이 좋은 술.
* 폭배(暴杯) 술잔을 돌리지 않고 한 사람에게만 거듭 따라 줌.

사양해 쓰겠나."

독촉이 성화 같다. 기천은 벌써 말이 어눌해지도록 취했다.

"온 이건 너무 벅차서……."

하고 동혁은,

'이런 때 누가 오지나 않나.'

하고 잔을 들었다 놓았다 하는데, 마침 밖에서 잔기침 소리가 나더니,

"나리께 여쭙니다. 큰덕미 선인이 들어왔는뎁쇼. 내일 아침에 뱃짐을 내시느냐구 합니다."

하는 것은 머슴의 목소리다. 기천은,

"뭐, 뱃놈이 들어왔어?"

하더니,

"자 잠깐만 기다리게."

하고 툇마루로 나간다. 그 틈에 주전자 뚜껑은 또 소리 없이 열렸다. 기천이가 벼를 실릴 분별을 하고 들어오는 것을 보고, 동혁은,

"어이구, 벌써 가슴이 다 두근두근하는군요."

하고 가슴에다 손을 대며 금방 술을 마시고 난 것처럼 알코올 기운을 내뿜는 듯이 후우 하면서 술잔을 주인의 앞에다 놓았다.

남포에 불을 켜는데 밥상이 나왔다. 반주가 또 한 주전자나 묵직하게 나오고 어느 틈에 닭을 다 볶아서 주인과 겸상을 하였다. 기천이가 상놈하고 겸상을 해 보기는 생후 처음이리라.

'아무리 요새 세상이기루 볼 건 봐야지. 우리네하구야 원판 씨가 다 르니까…….'

하고 남의 집 잔치 같은 데를 가서도 자리를 골라 앉는 사람으로는 크게 용단을 내었고 실로 융숭한 대접이다. 동혁은,

'놈이 발이 저려서…….'

하면서,

　"전 저녁을 먹고 왔지만, 세잔갱작*이라는데 자 이번엔 반주루 한 잔
　더 드시지요."

하고 이번에는 공기에다 가득히 따라서 권하니까,

　"이거 자네 협잡을 했네그려. 그저 끄떡없는 게 수상쩍은걸."

하면서도 기천은 인음증*이 대단한 사람이라, 인제는 술이 술을 끌어들
여서, 동혁이가 받아든 술을 제 눈앞에서 한 방울도 안 남기고 주전자
에다가 붓는 것을 멀거니 보면서도,

　"과한 걸 과해."

해 가며 연거푸 마신다. 그만하면 온 세상이 다 내 것처럼 보일 만큼이
나 거나해졌다.

　"참 이렇게 술에 고기에 주셔서 잘 먹습니다만, 특청 하나 할 게 있어
　서 왔는데, 들어 주시겠에요?"

　그제야 동혁은 취한 체하면서 본론을 끄집어 냈다.

　기천은 몽롱한 눈을 될 수 있는 대로 크게 뜨고 상대자를 보더니 다
붙은 고개를 내밀며 귓속말이나 들으려는 듯이,

　"무슨 특청? 왜 아쉰 일이 있나?"

하고 귀를 갖다가 댄다. 특청이라면 으레 돈을 취해 달라는 줄 알고, 취
중에도,

　'너도 기어이 나한테 아쉰 소리를 할 때가 왔구나.'

하는 듯이 연거푸,

　"왜 돈이 소용이 되나?"

하고 엄지와 집게손가락으로 동그라미를 만들어 보이며 은근히 묻는다.

＊ 세잔갱작(洗盞更酌) '잔을 씻어 다시 마시다'는 뜻으로 자리를 바꾸어 다시 술을 마시기 시
　작함.
＊ 인음증(引飮症) 술을 한번 마시기 시작하면 자꾸 마시고 싶어하는 버릇.

"돈이 소용이 되는 게 아니라 빚을 갚으러 왔에요."

"응? 빚을 갚으러 오다께? 자네가 언제 내 돈을 썼던가?"

"전 댁에 돈을 다 갚았지만, 다른 사람들의 위임을 맡아 가지고 왔는 데요."

"다른 사람들이라니, 누구누구 말인가?"

"이번에 주인 어른께서 새로 회장이 되신 우리 농우회의 회원들이 진 빚인데요. 저희들은 와 뵙고 말씀드리기가 어렵다고 제게 다 맡겨서 심부름을 온 셈입니다."

"허, 자네도 호사객*일세그려. 더러들 썼지만 몇 푼 된다구. 하도 오래 돼서 나두 잊어버렸는걸."

하면서도 기천은,

'너희들이 무슨 돈이 생겨서 한꺼번에 갚는다느냐.'

는 듯이 고개를 까땍까땍하면서 따개질*을 하듯이 동혁의 눈치를 살핀다.

"수고스러우시지만 뭐 적어 두신 게 있을 테니 좀 꺼내 보셨으면 좋겠는데요."

그 말을 듣자 기천은 딴전을 붙이듯,

"여보게, 우리 그런 얘긴 뒀다 하세. 술이 취해서 지금 흥숭망숭한데."

하고, 고리 대금 업자는 살금살금 꽁무니를 뺀다. 동혁은 버쩍 다가앉으며,

"아니올시다. 일이 좀 급한데요. 참 술김에 비밀히 여쭙는 말씀이지만 주인 어른께서 우리 회의 회장이 되신 데 대해서 불평을 품는 젊은 사람들이 있는 줄은 짐작하시겠지요? 그 중에 몇몇은 혈기가 대단해서 제 손으로는 꺾을 수가 없는데 이번에 좀 후하게 인심을 써

---

* 호사객(好事客) 일을 만들기를 좋아하는 사람.
* 따개질 물고기의 배를 가르는 일.

주셔야 과격한 행동까지 하려고 벼르는 청년들을 어떻게 주물러 볼 수가 있겠에요. 사세가 매우 급하길래 이렇게 찾아뵙고 무사히 타협을 하시도록 하는 게니, 나중에 후회가 없으시도록 하시는 게 상책일 것 같아요. 점잖으신 처지에 혹시 길거리에서라도 젊은 사람들한테 단단히 창피를 당하시면 거 모양이 됐습니까?"

하고 타이르듯 하니까, 기천은,

"아아니 자네가 날 위협을 하는 셈인가?"

하며 빨끈하고 쇤다*. 동혁은 정색을 하며,

"온 천만에, 위협이라뇨. 그렇게 오해를 하신다면 무슨 일이 생기든 저버텀 발을 뺄 테니 맘대로 해 보세요."

하고 정말 슬그머니 을러메었다. 기천은 상을 물리고 담배를 붙여 물었다. 숨이 가쁜 듯 벽에 가 기대어 쌔근쌔근하며 한참이나 대물부리*만 잘강잘강 씹다가,

"그야 웃음의 말일세만 내 귀에도 이런 말 저런 말 들리데. 저희들이 날 어쩌기야 하겠나만, 아닌게아니라 모두 마구 뚫은 창구멍 같아서 걱정일세. 나 없는 새 회관 문짝을 걷어차서 떼어 났다니 온 그런 무지막지한 놈들이 있나. 하나 자네 같은 체면도 알구 지각 있는 사람이 있으니까 좋도록 무마를 시켜 줄 줄 믿네."

하고 금세 한풀이 꺾인다.

"그러니까 뒷일은 제게다만 맡겨 주시고 그 대신 제 말씀을 들어 주셔야 합니다."

하고 동혁은 바짝 들러붙었다.

제 아무리 간죽간죽한 사람이라도 술이 잔뜩 취한데다가, 말을 안 들

---

* 쇤다 성질이나 성품이 나빠지고 비틀어지다.
* 대물부리 대로 만든 물부리.

으면 당장에 저를 엎어 누를 듯한 형세를 보이는 동혁의 위품에는 한 손 접히지 않을 수 없었다.

신변의 위험을 모면하려는 것뿐 아니라, 제딴에는 술기운에 마음이 커져서,

"어디서 돈들이 생겨서 한몫 갚는다는 건가?"

하며 머리맡의 문갑을 열고 극비밀로 넣어 둔 치부책을 꺼내는데 열쇠가 제 구멍을 찾지 못할 만큼이나 수전증*이 나서, 이 구멍 저 구멍 허투로 꽂다가 열었다.

동혁은 그 돈이 삼사 년 동안이나 죽을 애를 써서 모은 돈이라는 것을 설명하고 서류를 꺼내서 채권자가 적어 둔 것과 차용 증서를 일일이 대조를 해서, 금액을 맞추어 본 뒤에 수건에 꼭꼭 싸서 허리에 차고 온 지전 뭉치를 꺼내더니,

"자아, 세 보시지요."

하고 밀어 놓는다.

기천의 눈은 버언해졌다*. 담배진이 노랗게 앉은 손가락에 침칠을 해 가며 지전을 세어 보더니,

"이걸루야 빠듯이 본전밖에 안 되네그려?"

하고 변색을 한다. 동혁은,

'이 때를 놓치면 안 된다!'

하고 위엄 있게 기천을 똑바로 쏘아보며,

"아 아니, 그럼 오 푼 변으로 놓은 걸 변리까지 다 받으실 줄 아셨던 가요? 법정 이자도 두 푼 오 리밖에 안 되는데 그 사람들의 사폐*를 봐 줍시사구 제가 일부러 온 게 아니겠어요? 그 사람들이 안 내겠다

---

* 수전증(手顫症) 물건 등을 잡거나 할 때 손이 심하게 떨리는 현상.
* 버언해지다 어두운 가운데 조금 훤해지다.
* 사폐(事弊) 일의 폐단.

고 버티면 어떡하실 텝니까? 그 여러 사람을 걸어 재판을 하려면 소
송 비용이 얼마나 들지두 따져 보면 아시겠지요?"

하고 무릎이 마주 닿도록 더 부쩍 다가앉는다. 기천은 바윗덩이만한 사
람에게 짓눌린 것 같아서,

'저놈이 여차하면 날 한 구석에다 몰아넣고 목줄띠라도 조르지 않을
까?'

하고 속으로는 겁이 났다. 그러면서도,

"여보게, 내가 자선 사업으로 돈놀이를 하는 줄 알았나? 인제 와서
천 원 돈에 가까운 이자를 한 푼도 받지 말라는 거야 될 뻔이나 한 수
작인가?"

하고 실토를 하면서 앙버틴다. 동혁은 그 말에 정말로 흥분이 되어서,

"아, 그래 회장 체면에 앞으로도 고리 대금을 해 자실 텝니까? 그만
큼 긁어 모았으면 흡족하지. 죽지 못해 사는 회원들의 고혈까지 긁고
도 양심에 가책을 받지 않을까요? 그 돈인즉슨 조합에 근저당을 해
놓고 한 푼도 못 되는 변리로 얻어다가 오 푼씩 심하면 장변까지 논
게 아닙니까?"

하고 목소리를 버럭 높이며 목침을 들어 장판 바닥이 움쑥 들어가도록
탁 내리쳤다. 그와 동시에 기천의 가슴도 쿵 하고 울렸다. 그래도 기천
은 눈살을 잔뜩 찌푸리고 노랑수염만 배틀어 올리면서 끙끙 하고 안간
힘을 쓰더니 최후로 용기를 내어 발악하듯,

"난 할 수 없네!"

하고 딱 잡아뗀다. 기한을 몇 번만 넘기면 채무자를 불러다 세워 놓고,

'이놈아, 이 목을 베고 재를 칠 놈 같으니라고. 외손 씨아에 불알을
넣고는 배겨도, 내 돈을 먹곤 못 배길라.'

하고 진땀이 나도록 기름을 짜던 솜씨라 아무리 동혁의 앞이라도 돈에
들어서만은 저의 본색을 나타내는 것이다.

"정 할 수 없을까요?"

동혁의 얼굴은 뻘게졌다. 씨근거리는 숨소리가 유난히 크게 들린다.

"두번 말할 게 있나. 할 수 없으니깐 할 수 없다는 게지."

그 말을 듣자,

"그럼 나 역시 할 수 없쇠다. 우격으로 될 일이 아니니까요."

하고 기천의 손에 내놓았던 지전 뭉치를 도로 집어 꼭꼭 싸서 허리춤에다 차며,

　　"하지만 이 돈은 졸연히* 받지 못할 줄 아세요. 앞으로 무슨 일이 생기든 나는 책임을 질 수도 없구요."

하고 목침을 걷어차며 벌떡 일어섰다.

동혁이가 장지를 탁 닫고 나갈 때까지 기천은 달싹도 안 하고 앉았다가 신발 소리가 어둠침침한 마당으로 내려가는 것을 듣고야 발딱 일어나서,

"여보게 날 좀 보게."

하고 쫓아나갔다. 아무리 생각해 보아도 동혁의 말마따나 까딱하면 본전도 건지기가 어렵고 두고두고 녹여서 받는대도, 여간 힘이 들 것 같지가 않았던 것이다. 게다가 기만이에게 오백 원이나 급전을 도둑맞아서 그 변충을 대야만 되게 된 형편인데, 또 한편으로는 동혁이가 감정이 잔뜩 난 회원들을 선동해 가지고 밤중에 습격이라도 할 것 같아서 미상불 겁이 났던 것이다.

"왜 그러세요?"

동혁의 대답은 매우 퉁명스럽다.

"이리 잠깐만 들어오게."

"들어간 뭘 하나요?"

---

* 졸연히 끝내.

"글쎄 잠깐만 들어와 이 사람, 왜 그렇게 변통수가 없나?"

동혁은 못 이기는 체하고 따라 들어갔다.

"그거 이리 내게. 오입해 없앤 셈만 치지."

하고 기천은 손을 벌린다. 동혁은,

"그럼 그 차용 증서 모아 둔 걸 이리 주시지요."

하고 돈과 차용증서를 바꾸어 들었다. 그리고는 눈을 끔벅끔벅하더니,

"매사는 불여튼튼이라는데, 돈을 한 푼도 안 남기고 다 받았다는 표를 하나 써 주시지요."

해서 빚 갚은 증서를 쓰이고 도장까지 찍게 하였다. 동혁은 그제야 수십 장이나 되는 인찰지*를 구겨쥐고 한참이나 들여다보다가 재떨이 위에 성냥을 집어 확 그어 대었다.

이별

그 뒤로 회원들은 물론 동네의 인심은 동혁에게로 쏠렸다. 젊은 사람들의 일에 쫓아다니며 훼방까지는 놀지 않아도,

"저 녀석들은 처먹고 헐 짓들이 없어서 밤낮 몰려만 댕기는 게여."

하고 마땅치 않게 여기던 노인네까지도,

"미상불 이번에 동혁이가 어려운 일 했느니."

"아아무렴, 여부지사가 있나. 우리네 수로야 어림도 없지. 언감생심* 변리를 한 푼도 아니 물다니."

하고 동혁의 칭송이 놀라웠다. 너무나 고마워서 동혁을 찾아와서 울면서 치사를 하는 부형도 있는데, 그 통에 박 첨지는 아들 대신으로 연거푸 사나흘 동안이나 끌려다니며 막걸리를 얻어먹고 배탈이 다 났다. 동혁은,

---

* 인찰지(印札紙) 얇은 종이.
* 언감생심(焉敢生心) '어찌 감히 그런 마음을 먹을 수 있으랴'는 뜻으로 쓰이는 말.

'자아, 빚들은 다 갚았으니까, 앓던 이 빠진 것버덤 더 시원하지만 이젠 어떻게 전답을 떨어지지 않고 지어 먹을 도리를 차려야 셈들을 펴고* 살아 보지.'

하고 제2단책을 생각하기에 골몰하였다. 그러다가,

＊셈을 펴다 '셈평 펴다' 즉 생활이 넉넉해지다.

'급하다고 우물을 들고 마시나? 천천히 황소 걸음으로 하지.'

하고, 저 자신과 의론을 해 가면서 회원들의 생활이 짧은 시일에 윤택해지지는 못하나마, 다시 빚은 얻지 않을 만큼 생계를 독립할 수 있는 정도까지는 끌어올리고 말리라 하였다.

'농지령이라는 것이 발포되었대야 결국은 지주들의 마음대로 할 수가 있게 된 것이니까, 어떻게 강 도사 집뿐 아니라 다른 지주들까지도 한 십 개년 동안만 도지로 논을 내놓게 만들었으면 힘껏 개량식으로 농사를 지어 그 수입으로 땅 마지기씩이나 장만을 하게 될 텐데……'

하고 꿍꿍이셈을 치고 있는 중이다. 회원들의 돈은 빚을 깨끗이 청산하고도 육십여 원이나 남아서 그것을 밑천으로 새로이 소비 조합을 만들 예산을 세웠다.

그러나 형의 속을 이해하지 못하는 동화는 다른 반대파의 회원들보다도 불평이 많았다. 워낙 저만 공부를 시켜 주지 않았다고 부형의 탓을 하는 터에, 제 말따나 형 때문에 장가도 들지 못해서 그런지 계모 손에 자라난 아이 모양으로 자격지심이 여간 대단하지가 않다.

이번 일만 해도,

"성님도 물렁팥죽이지, 그깐 녀석을 요정을 내 버리지 못한단 말요? 겨우 변리 안 받은 게 감지덕지해서, 우리 회의 회장이란 명색을 준단 말요? 난 나 혼자래두 나와 버릴 테유. 그 아니꼰 꼴을 안 보면 고만이지."

하고 투덜댄다. 그러면 동혁은,

"네 형은 창피하거나 아니꼬운 줄을 몰라서 죽치구 있는 줄 아니? 호랑이 굴 속엘 들어가야 새끼를 얻는 법이란다."

하고 섣불리 혈기를 부리지 말라고 타이르건만 그래도 아우는,

"흥 어느 때고 두고 보구려. 내 손으로 회관을 부숴 버리구 말 테

니……."

하고 입술을 깨물며 벼른다.

"글쎄 얘야, 지금 회관을 쓰고 못 쓰는 게 시급한 문제가 아니라니깐 그러는구나. 언제든지 우리 손으로 다시 들어오게 하고야 말걸, 왜 그렇게 성미가 급하냐?"

하면서도 어느 때 무슨 일을 저지를지 몰라서 형은 마음이 놓이지를 않았다.

조기회는 여전히 하나, 회관은 커다란 자물쇠를 채운 채 쓰지를 않고 그대로 내버려 두었다. 쓰지를 않는 게 아니라, 그 동안 기천이가 여러 번 열라고 명령을 하였어도 동화와 갑산이가 열쇠를 감추고는 서로 미루고 내놓지를 않아서 쓰지를 못하고 있다.

"얘 동화야, 이제 그만 쇳대를 내놔라. 이렇게 켕기고 있다가는 필경 기천이가 남의 힘을 빌어서까지 강제로 열기가 쉬우니, 그 때도 너희들이 안 내놓고 배길 테냐? 무슨 회든지 우리끼리 합심만 하면 또다시 만들어질걸."

하고 순순히 타일러도 동화는,

"아, 어느 놈이 우리가 지은 회관을 강제로 열어요? 흥, 난 그럴 때만 기다리고 있겠수."

하고 끝끝내 형하고도 타협을 하지 않았다. 그래서 야학도 새 집에서 못 하고, 전처럼 남의 머슴 사랑을 빌려 가지고 구석구석이 하게 되었다.

영신에게서는 하루 걸러 편지가 왔다. 침대 위에서 따로따로를 하다가, 송엽장을 짚고 걸음발을 타게까지 되었는데, 이제는 밥을 먹고도 소화가 잘 된다는 것이며, 의사는 좀더 조섭하라고 하나, 비용 관계로 더 있을 수가 없어서, 불일간 퇴원을 하겠다는 반가운 소식이 뒤를 이어 왔다. 공책에다가 일기를 쓴 듯이 감상을 적은 것을 떼어 보내기도 하고, 이번에 당신이 아니었더라면 벌써 황천길을 밟았을 것을 살아났다는 만강*의 감사와 떠나 보낸 뒤의 그립고 아쉬운 정을 애틋이 적어 보낸 것이었다.

이번 편지는 퇴원을 하느라고 부산한 중에 급히 쓴 연필 글씨로,

청석골의 친절한 여러 교인과 학부형들에게 에워싸여서 지금 퇴원을 합니다. 그러나 천만 사람이 있어도 이 영신에게는 새로운 생명을 주신 은인이시고 영원한 사랑이신 우리 동혁 씨와 이 기쁨을 나누지 못하는 것이 무한히 섭섭합니다.

그러나 또 한 가지 기쁜 소식을 전해 드리는 것은 일전에 서울 연합회에서 백현경 씨가 전위*해서 내려왔는데, 정양도 할 겸 횡빈*에 있는 신학교로 가서, 몇 해 동안 수학을 하도록 주선을 해 주겠다는 약속을 하고 올라갔는데요, 여러 해 벼르고 벼르던 유학을 하게 된 것은 기쁘지만 또다시 당신과 더 멀리 떨어져 있을 생각을 하니 무한히 섭섭해요. 지금부터 눈물이 납니다. 어수선스러워서 고만 쓰겠어요. 답장은 청석골로.

××월 ×일 당신의 영신

동혁은 즉시 답장을 썼다. 편지가 올 때마다 간단히 회답은 하였지만 수술한 경과가 좋아서 안심도 되었고 동네 일로 정신이 쓰라려서, 긴 편지는 쓰지 못하고 있었다.

영신을 병원으로 데리고 가서 간호를 해 주고 있던 동안에 무언중에 정이 더 깊어진 것을 깨달았고 피차의 성격이나 사랑하는 도수는 가장

---

* 만강(滿腔) 가슴 속에 가득 참.
* 전위(全委) 전부를 위임하여.
* 횡빈(橫濱) 요코하마. 일본의 지명.

어려운 일을 당해 보아야 비로소 알아지고, 그 깊이를 측량할 수가 있는 것이라고 생각되었다.

그러나 동혁은 (영신이도 그렇지만) 영신이가 연애하는 사람이라느니보다도, 이미 자녀까지 낳고 살아오는 아내와 같이 느껴졌다. 그만큼이나 믿음성스럽고 듬쑥한* 맛이 있어서 편지를 쓰는 데도 남들처럼 달콤한 문구를 쓰려야 써지지가 않았다.

무사히 퇴원하신 것을 두 손을 들어 축하합니다. 즉시 뛰어가서 완쾌하신 얼굴을 대하고는 싶지만 지금 내가 떠나면 동네 일이 또 엉망으로 얽힐 것 같아서 험악한 형세가 가라앉기를 기다리는 중이니 섭섭히 아셔도 할 수 없는 일이외다. 유학을 가시게 된다고요? 내가 반대를 한대도 기어이 고집하고 떠나가실 줄은 알지만, 신학교로 가신다니 (지원한 것은 아니라도) 신앙이 학문이 아닌 것은 농학사나 농학박사라야만 농사를 잘 지을 줄 안다는 거와 마찬가지가 아닐는지요. 하여간 건강 상태를 보아서 당분간 자리를 떠나서 정양할 기회를 얻는 것은 나도 찬성한 것이지만…… 우리가 약속한 삼 개년 계획은 벌써 내년이면 마지막 해가 됩니다. 그런데 또 앞으로 몇 해를 은행나무처럼 떨어져 있게 될 모양이니, 실로 앞길이 창창하고 아득하외다.

영신 씨! 우리의 청춘은 동아줄로 칭칭 얽어서 어디다가 붙들어 맨 줄 아십니까? 우리의 일이란 관 뚜껑을 덮을 때까지 끝나는 날이 없을 것이니 사업을 다 하고야 결혼을 하려면, 백 살 천 살을 살아도 노총각의 서글픈 신세를 면하지 못하겠군요. 조선 안의 그 숱한 색시들 중에 '채영신' 석 자만 쳐다보고, 눈을 끔벅끔벅하고 기다리는 나 자신이 못나기도 하고 어찌 생각하면 불쌍하기도 합니다. 그렇다고 결

---

*듬쑥하다 됨됨이가 가볍지 않고 속이 깊게 차 있다.

코 동정해 주기를 바라는 것은 아니나, 하루바삐 우리 둘이 생활을 같이 하고 힘을 한데 모아서, 서로 용기를 돋워 가며 일을 하게 되기를 매우 조급히 기다리고 있소이다. 며칠 틈만 얻게 되면 또 한 삼백 리 마라톤을 하지요. 부디부디 몸을 쓰게 되었다고 무리한 일은 하지 마십시오! 그것만이 부탁이외다.

당신의 영원한 보호 병정

어느덧 해가 바뀌어 음력으로 정월이 되었다. 학원은 구습에 의해서 일 주일 동안 방학을 했지만, 명절이라 해도 계집아이들이 울긋불긋한 인조견 저고리 치마를 호사라고 입고 세배를 다닐 뿐, 흰떡 한 모태* 해 먹는 집이 없어, 떡치는 소리 대신에 여기저기 오막살이에서 널을 뛰는 소리만 덜컹덜컹 하고 들린다. 한곡리에는 풍물이나 장만한 것이 있어 청년들이 두드리지만 그만한 오락 기관도 없는 청석골은 더 한층 쓸쓸하다.

연일 눈이 쏟아지다가 햇발이 퍼져서 땅은 질척거려 세배꾼들의 모처럼 얻어 입은 때때옷 뒤와 버선이 진흙투성이다.

지붕에 쌓인 눈이, 고드름과 함께 추녀 끝으로 녹아 내려 뚝뚝 떨어지는 소리를 들으며, 영신은 책상 앞에 턱을 고이고 앉아서 생각에 잠겼다. 의식적으로는 센티멘털리즘*을 송충이와 같이 싫어하면서도, 소복을 잘못해서 건강이 전처럼 회복되지 못한 탓인지, 고요한 시간만 있으면 저의 신세가 고단하고 공연히 서글픈 생각이 들어 저도 모르는 겨를에 눈물이 흘러내리는 때가 있다.

'동혁 씨 말마따나 아까운 청춘을 이대로 늙혀서 옳은가? 인생이란 본시 이다지도 고독한 것인가?'

---

* 모태 인절미나 흰떡 따위를 안반에 놓고 한 차례에 쳐서 낼 수 있는 떡의 분량.
* 센티멘털리즘(sentimentalism) 감상주의.

하고 스스로 묻기도 하고 한숨도 짓는다.

'왜 너에게는 박동혁이가 있지 않느냐. 그 튼튼하고 믿음성스러운 남자가 너의 장래를 맡지 않았느냐?'

'그렇다. 그와 평생의 고락을 같이할 약속을 하였다. 나는 그이를 이 세상의 누구보다도 사랑한다. 열렬히 사랑한다. 그러나 결혼을 한다고 나 한 몸을 그에게 의지하려는 것은 아니다. 밥을 얻어먹고 옷을 얻어 입고 자녀를 낳아 주기 위한 결혼을 꿈꾸는 것은 결단코 아니다. 두 사람이 육체적으로 결합이 된대도 내가 할 일이 따로 있다. 이 현실에 처한 조선의 인텔리 여성으로서 따로 해야만 할 사업이 있다. 결혼이 그 사업을 방해한다면 차라리 연애도 결혼도 하지 말아야 한다. 청상 과부처럼 미스 빌링스처럼 독신으로 늙어야만 한다.'

'그러나 외로운 것을 어찌하나. 이다지도 지향 없이 헤매는 마음을 어디다가 붙들어 맨단 말이냐?'

'너에게는 신앙이 있지 않으냐. 어려서부터 하나님을 불러 왔고, 그의 독생자에게서 희생과 봉사의 정신을 배웠고, 가장 어려울 때와 괴로울 때에, 주를 부르며 아침 저녁 기도를 올리지 않았느냐?'

'그렇다. 그러나 인제 와서는 무형한 그네들을 믿는 것만으로는 도저히 만족할 수가 없다. 사람을 믿고 싶다! 육안으로 보이는 좀더 똑똑한 것, 확실한 것, 즉 과학을 믿고 싶다! 직접으로 실험할 수 있는 것을, 노력하는 정비례로 효과를 눈앞에 볼 수 있는, 그러한 일을 하고 싶다!'

영신은 마음 속의 문답을 제 귀로 들을수록 생각은 갈피를 잡을 수 없다. 그는 퇴원을 한 후에 달포나 누웠다 일어나 보니, 학원 일은 청년들에게만 맡겨 놓아서 뒤죽박죽이다. 그 밖에도 부인들의 모임이나 모든 것으로 보아, 그네들의 손으로 자치를 해 나가려면 아직도 이삼 년 동안은 열심히 지도를 해 주어야만 될 것 같다.

영신은 더 누웠을 수가 없었다. 몸은 조금만 과히 움직이면 수술한 자리가 당기고 아픈 것을 억지로 참고 하루 몇 차례씩 학원으로 오르내렸다. 이것저것 분별을 하고 돌아다니려면 자연히 운동이 과도하게 되고, 따라서 한 번 쓰러지면 일어날 수가 없도록 피로하였다.

'이러다가는 안 되겠다. 어쨌든 내 몸이 튼튼해지고 볼 일이다.'

하면서도 타고난 그의 성격이 가만히 앉아 있지를 못하게 한다.

'아무튼 이번 기회에 눈 딱 감고 건너가서 공부를 하고 돌아오자. 나만한 지식으로 남을 지도한다는 것부터 대담하였다. 양심에 부끄러운 일이다.'

하고 다시 한 번 청석골을 떠날 결심을 하였다.

'동혁 씨는 왜 온다온다 하고 선문만 놓고* 아니올까. 또 동네에 무슨 일이 생겼나?'

하고 별별 생각을 다 해 보다가,

서울서 노자가 오는 대로 음력 보름께쯤 떠날 예정이니 그 안에 꼭 와 달라.

고 편지를 썼다.

다시 한 번 만나서 전후 일을 의론하고 싶었던 것이다.

그 동안 기천이는 장근* 두 달째나 누워 있었다. 병을 앓는 것이 아니라, 타동에 나가서 양반 자세를 하다가, 임자를 톡톡히 만나서 졸경을 쳤는데*, 골통이 깨지고 가슴에 담이 들어서 꼼짝 못하고 누워서 음

---

* 선문을 놓다 미리 알리다.
* 장근 거의. 늘.
* 졸경을 치다 모진 시달림을 당하다.

력 과세를 하였다.

회장이 된 첫번 행세를 하려고 제 동네서는 못해도 저도 돈 십 원이나 기부를 한 읍내 소방조 출초식에 참례를 했다가, 술이 엉망진창으로 취해서 밤중에 자전거를 끌고 오다가 신작로 가에 있는 주막으로 비틀거리며 들어갔다. 계집이라면 회를 치려고 드는 기천은 그 주막 갈보의 소위 나지미상*이었다. 술김에 더욱 안하무인*이 된 기천은 제가 맡아 놓은 계집이라, 기침도 안 하고 방문을 펄썩 열었다.

허술하게 박은 돌쩌귀가 떨어지면서 문은 덜커덕 열렸다. 방 안은 캄캄하다.

"옥화야!"

"……."

대답이 없다. 기천은 구두를 신은 채 방으로 들어서며 성냥불을 확 켰다. 옥화란 계집은 발가벗은 몸을 불에 덴 벌레처럼 옴츠러뜨리는데, 커다란 버선발이 이불 밖으로 쑥 비어져 나왔다. 동시에 만경을 한* 듯한 기천의 눈에는 질투의 불길이 타올랐다.

"누구냐?"

소리를 바락 지르며 이불을 홱 벗겼다.

"이놈아, 넌 누구냐?"

감때가 사납게* 생긴 사내는 벌떡 일어났다.

기천은 그자의 얼굴을 보고,

"이놈 너 용준이 아니냐? 발칙한 놈 같으니라구, 너 이놈 양반을 못 알아보고, 내가 다니는 집인 줄 뻔히 알면서 이 죽일 놈 같으니……."

기천의 구두 발길은 대뜸 용준이라고 불린 사내의 허구리를 걷어찼

＊ 나지미상 단골이란 뜻의 일본말.
＊ 안하무인(眼下無人) 사람됨이 교만하여 남을 업신여김.
＊ 만경하다 눈에 정기가 없어지다.
＊ 감때가 사납다 얼굴이 험악하다.

다. 그 다음 순간 기천의 눈에서는 번갯불이 번쩍하였다. 따귀를 한 대 되게 얻어맞고, 정신이 아뜩해서 쓰러지려는 것을 그 왁살스럽게 생긴 사내는,

"요놈아, 술 파는 계집꺼정 다 네 계집이냐? 타동에 와서도 양반 행세를 해? 너 요놈 의법*이 어따가 발길질을 하는 거냐?"

하고 호통을 하더니,

"아무튼 잘 만났다. 양반의 몸뚱이엔 매가 튈 줄 아느냐?"

하고 기천의 멱살을 바싹 추켜 잡고, 컴컴한 마당으로 끌고 나가더니,

"너 요놈의 새끼, 네놈의 집 머슴살이 삼 년에 사경도 다 못 찾아 먹고 네게 얻어맞고서 쫓겨난 내다. 어디 너 좀 견디어 봐라."

하고 마른 정강이를 장작개비로 패고, 발딱 자빠뜨려 놓고는 발뒤꿈치로 가슴을 사뭇 짓밟았다. 기천은 말 한 마디 못 하고 깩깩거리며 죽도록 얻어맞는 것을 계집이 버선발로 뛰어내려가서 간신히 뜯어말렸다.

용준이는 삼 대째 강 도사네 행랑살이를 하다가 언사가 불공하다고 기천에게 작대기 찜질을 당하고 쫓겨나서 그 원한을 품고 잔뜩 앙심을 먹고 벼르는 판에, 외나무다리에서 호되게 걸려들었던 것이다.

기천은 아주 초죽음이 되었다가 새벽녘에야 간신히 저의 집으로 기어들었다. 머슴놈에게 얻어맞았다기는 창피해서,

'취중에 자전거를 타다가 이 봉변을 했다.'

고 꾸며 대고, 산골*을 캐어 오너라, 약을 지어 오너라 하고 야단법석을 하였다.

분한 생각을 하면 용준이란 놈의 배를 가르고 간을 날로 씹어도 시원치 않겠지만 창피한 소문이 날까 보아 단골 버릇인 고소도 못 하고 속으로만 끙끙 앓고 있었다.

---

* 의법(依法) 법에 따름.
* 산골 구리가 나는 데서 나는 청황색의 쇠붙이. 접골약으로 쓰임.

그러나 그 소문은 온 동네는커녕 읍내까지도 쫙 퍼져서,

"아이고 잘코사니*나! 그래도 뼈다귀는 추렸던가?"

하고 고소해서들 하는 소리를, 제 귀로만 듣지 못하고 있었다.

그러다가 면역소의 지휘로 음력 대보름날을 기회 삼아 한곡리 진흥회의 발회식을 열게 되었다. 낮에는 편을 갈라 윷놀이를 하게 되었는데, 그 때까지도 갑산이와 동화는 회관의 열쇠를 내놓지 않았다. 발회식만 할 테니 임시로 빌려 달라고, 기천이가 사람을 줄달아 보내도,

"천만의 말씀이라고 여쭤라."

하고 끝끝내 버렸다. 기천이가 읍내로 장거리로 돌아다니며,

'우리 한곡리 진흥회 회관은 미상불 다른 동네 부럽지 않게 미리 지어 놓았다.'

고 제 손으로 짓기나 한 것처럼 생색을 뿌옇게 내는 것이 깨물어 죽이고 싶도록 얄미웠던 것이다.

집에서 형제가 가마니를 치고 있던 동혁은 틈틈이 손을 쉬고 눈을 딱 감고는 대세를 살펴보았다.

'허어, 이러다간 큰일나겠군. 양단간에 귀정*을 지어야지.'

하고는,

"애 동화야!"

하고 아우를 넌지시 불렀다.

"너 인제 고만 회관 열쇠를 내놔라. 누구한테든지 저의 주장을 굽혀선 못 쓰지만, 일이란 그때 그때 형편을 봐서, 임시 변통을 하는 수도 있어야지, 너무 곧이곧대로만 나가면 되레 옭히는 경우가 있느니라."

하고 타일러도 동화는 머리를 끄덕이지 않았다.

---

* 잘코사니 얄미운 사람이 불행을 당하거나 봉변당하는 것을 고소하게 여길 때 하는 말.
* 귀정(歸正) 그릇되었던 일이 바른 길로 돌아옴.

"넌 날더러 물렁팥죽이라고 별명을 짓지만, 형도 생각하는 게 있어서 그러는 거야. 들어 봐라, 입때까지는 우리 청년들 열두 사람만이 단합해서 일을 해 오지 않았니? 한 일도 없다만……. 그런데 이번에 기회가 좋으니, 우리 온 동네 사람이 다 모이는 김에, 우리의 운동하는 범위를 훨씬 넓혀서 한 번 큼직하게 활동을 해 보자꾸나. 인심이 우리한테로 쏠릴 건 정한 이치니까, 결국은 우리들이 주장하는 대로 될 게 아니냐. 진흥회란 무슨 행정 기관도 사법 기관도 아니고, 그저 일종의 자치 기관 비슷한 게니까, 웬만한 일은 우리 손으로 다 할 수가 있단 말이다. 아무튼 강기천이 한 사람을 상대로 끝까지 다투는 동안에 동네 일은 아무것도 안 되고, 그 애를 써서 지은 회관도, 우리 맘대로 쓰지를 못하니, 실상은 우리의 손해지 뭐냐? 그러니 모든 걸 형한테 맡기고, 문을 열어 놔라. 잘 질 줄을 아는 사람이라야 이길 줄도 안단다."

하고 진심으로 권하였다. 동화는 그제야 마지못해서,

"난 몰루. 형님꺼정 아마 마음이 변했나 보우."

하고 갑산이와 번차례로 차고 다니던 열쇠를 끌러서 기직바닥에다가 퉁명스럽게 던졌다.

저녁때에야 회관 문은 열렸다. 연합 진흥회장인 면장과 면협의원들과, 주재소에서 부장이 나오고, 금융 조합 이사며, 근처의 이른바 유력자들이 상좌에 버티고 앉았다. 한곡리에 거주하는 백성들은 매호에 한 사람씩 호주가 참석을 하게 되었는데, 상투는 거의 다 잘랐지만 색의를 장려한다고 면서기들이 장거리나 신작로에서 흰 옷 입은 사람만 보면 잉크나 먹물을 끼얹기 때문에 미처 흰 두루마기에 물감을 들여 입지 못한 사람은, 핑곗김에 나오지를 않았다. 그래도 대동의 큰 회합이니만큼 회관이 빽빽하게 들어찼다.

기천이는 맨 나중에 단장을 짚고 기엄기엄* 올라왔다. 그 푼더분*하지 못하게 생긴 얼굴은 노랑꽃이 피었는데, 머슴에게 얻어맞은 자리가 몸을 움직이는 대로 결리는지, 몇 발짝 걷다가는 가슴에다 손을 대고 안간힘을 쓰며 낙태한 고양이 상을 한다. 그러면서도 면장과 기타 공직자에게 최경례*를 하듯이 허리를 굽히는 것은 물론, 동민들이 인사를 하면 전에 없이 은근하게 답례를 하고, 그 중에도 말마디나 할 만한 사람에게는 얄궂은 추파까지 던진다.

기천이가 맨 앞줄에 가 앉자, 구석에 한 덩이로 뭉쳐 앉은 회원들의 눈은 빛났다.

기천의 사촌인 구장이 개회사를 하고, 면장이 일어서서 진흥회의 필요와 역사와 또는 사명을, 거의 한 시간 동안이나 늘어놓은 뒤에, 순서를 따라 회장을 선거하는 데 이르렀다. 임시 의장인 구장이 일어나서,

"지금부터 새로 창립된 우리 동네 진흥회를 대표할 회장을 선거하겠소. 물론 연령이라든지 이력이나 재산 같은 것을 보아 회장 될 만한 자격이 충분한 분을 선거할 줄 믿는 바이오."

하고 저의 사촌형을 곁눈으로 흘겨보며,

"자, 그럼 간단하게 호명을 해서, 거수로 결정을 하는 것이 어떻겠소?"

하고 동민에게 형식적으로 묻는다. 그러나 농우회의 회원들밖에는 호명이라든지, 거수라든지 하는 말조차 못 알아듣고 어리둥절하는 사람이 태반이다.

"좀 시간은 걸리지만 신중히 선거할 필요가 있으니, 무기명으로 투표를 합시다."

---

* 기엄기엄 가만가만 기어가는 모양.
* 푼더분 얼굴이 투실투실하여 복성스러움.
* 최경례(最敬禮) 가장 존경하는 뜻으로 정중히 하는 경례.

하고 동혁이가 일어서며 반대를 하는 동시에 동의를 하였다.

"찬성이오."

"찬성이오."

소리가 이 구석 저 구석에서 일어났다.

구장이 기천의 이름을 부르고 찬성하는 사람은 손을 들라고 하면 기천의 면전이라, 속으로는 마땅치 않으면서도, 면에 못 이겨 남의 뒤를 따라 손을 들게 될 것을 상상한 까닭이다.

동혁이 자신은 결코 경쟁자는 아니면서도 정말 민심이 어느 편으로 돌아가나? 그것을 참고로 보려는 것이었다.

또는 기천이가 전례에 없이, 정초라고 동리의 모모한* 사람을 불러다가 코들을 골도록 술을 먹였고 이러한 수단까지 쓴 것을 알고 있기 때문이다.

이러한 수단이란 다른 것이 아니다. 바로 섣달 대목에 기천의 집의, 이십 원을 주마 해도 안 판 큰돼지가, 새끼를 낳다가 염불이 빠져서 죽었다. 저의 집에서는 꺼림칙하다고 먹는 사람이 없고, 장거리의 육지기를 불러다 팔려니 죽은 고기라고 단돈 오 원도 보려고 들지를 않는다. 기천은 큰 손해를 보아서 입맛은 썼으나 썩어 가는 고기를 처치할 것을 곰곰 생각하던 끝에, 묘안을 얻고 무릎을 탁 쳤다.

그 날 저녁 동네의 육십 이상된 노인이 있는 집에는 죽은 지 이틀이나 되어서 검푸르게 빛 변한 돼지고기가 두 근 혹은 세 근씩이나 세찬*이란 명목으로 배달되었다. 북어 한 쾌 못 사고 과세를 하는 그네들에게……

무기명 투표로 하는데도 대필로 쓴 사람이 많았다. 여러 해 가르쳐서 한곡리 아이들은 남녀를 물론하고, 글자를 모르는 아이가 거의 하나도

---

* 모모한 누구누구라고 손꼽을 만큼 잘 알려진.
* 세찬(歲饌) 설음식.

없게 되었건만, 어른들은 반수 이상이 계통문*에 제 이름을 쓴 것도 알아보지 못하는 까막눈들이다.

매우 긴장된 공기 가운데 개표를 하게 되었다. 투표된 점수를 적어 들고 이름을 부르는 구장의 손과 입은 함께 떨렸다.

"강기천 씨 육십칠 점!"

손톱여물을 썰고 앉았던 기천의 얼굴에는 남의 눈에 띄지 않을 만한 안심의 미소가 살짝 지나갔다.

"박동혁 씨 삼십팔 점!"

하고 나서,

"이 나머지는 몇 점씩 되지 않으니까 읽지 않겠소."

하고 구장은 목소리를 높여 투표한 사람들을 둘러보며,

> "여러분의 추천으로 당 면의 면협의원이요, 금융 조합 감사요, 학교 비평의원인 강기천 씨가 절대 다수로 우리 한곡리 진흥회의 회장이 되셨소이다."

라고 선언을 하였다. 내빈들 측에서 박수 소리가 일어났다. 동혁은 의미 깊은 미소를 띄우고 앉아서 박수하는 광경을 바라보는데,

"반대요!"

"썩은 돼지고기가 투표를 한 게요……."

"암만 투표가 많아도 그건 무효요……. 협잡이 있소!"

동화와 정득이가 번차례로 일어서며, 얼굴이 시뻘개 가지고 고함을 지른다. 회관에 가득 찬 사람들의 시선은 농우회원들이 몰려 앉은 데로 쏠렸다.

기천도 그 편을 할끔 돌아다보는데, 동혁은 어느 틈에 아우의 곁으로 갔다. 동화는 눈을 부릅뜨고 더 한층 흥분이 되어서,

---

* **계통문**(契通文) '계'에서 소식을 돌리는 글.

"아무리 우리 동네에 사람이 귀하기로서니 고리 대금 업자가 아니면 회장감이 없단 말이오? 주막거리 갈보년허구 상관을 하다가 머슴놈 헌테……."

하고 소리를 버럭버럭 지르다가, 형에게 입을 틀어막히듯 해서 말끝을 맺지 못하며 주저앉는다. 동혁은 아우의 내두르는 팔을 잡아 누르고 무어라고 귓속말을 하다가 손목을 잡고 밖으로 끌어 냈다. 동화는 뻗디디다 못해 끌려 나가면서도,

"너 이놈, 어디 회장 노릇을 해 먹나 두고 보자! 이건 우리 회관이다. 피땀을 흘리며 지은 집이야!"

하고 고래고래 지르는 소리가 들리는 대로, 머리를 떨어뜨리고 앉은 기천의 얼굴은 노래졌다 하얘졌다 한다. 장내는 수성수성하고 살기가 떠도는데, 구장은,

"여러분, 조용하시오. 성치 못한 사람의 말을 탓할 게 없소이다."

하고 내빈들의 긴장된 얼굴을 둘러보며 연방 허리를 굽힌다.

동혁은 갑산이와 정득이를 불러 내어,

"이 사람들아, 혈기를 부릴 자리가 아니야. 어서 나가서 동화가 또 못 들어오게 붙들고 있게."

하고 엄중히 명령을 한 뒤에 다시 회관으로 들어갔다.

기천은 여러 사람에게 눈총을 맞아서, 얼굴 가죽이 따가운 듯 고개를 수그리고 있다가 발딱 일어서더니,

"온, 동리에 미친 놈이 있어서, 창피해 견딜 수가 있어야지."

하고 중얼거리다가,

"몸이 불편해서 먼저 실례합니다."

하고 내빈석을 바라보고 나를 좀 붙들어 달라는 듯이 허리를 굽히고는 앞에 앉은 사람을 떠다밀며 나간다.

"아, 어딜 가세요?"

"교오상(강 선생), 왜 이러시오? 어서 이리와 앉으시지요. 주책없는 젊은 것들이 함부로 지껄이는 말을 관계할 게 있소?"

하고 면장과 구장은 기천의 소매를 끌어들인다. 기천은,

"내가 이까짓 진흥회장을 하고 싶댔소? 불러다 앉혀 놓고 욕을 뵈니, 온 그런 발칙한 놈들이······."

하고 한사코 뿌리치는 체하는 것을,

"자, 두말 말우. 지금버텀 교오상이 회장이 됐으니, 역원*들이나 선거를 하시오."

하고 면장은 명령하듯 하고 회장석에다 기천을 앉혔다.

기천은 마지못해서 붙들려 들어온 체하면서도, 독을 못 이겨 째근째근한다. 동혁이도 억지로 흥분을 가라앉히며 기천의 하는 꼴을 바라다보았다.

유력한 편의 지지로 기천은 몇 번 사양하다가 못 이기는 체하고 회장의 자리로 나갔다.

"에헴, 에헴."

하는 밭은기침 소리는 염소라고 별명을 듣는 저의 아버지의 목소리와 똑같다.

"에에, 본인이 박학천식*임을 불구하고 회장의 책임을 맡게 된 것은 여러 동민이 자별히 애호해 주는 덕택인 줄 아오. 굳이 사퇴하는 것은 도리어 여러분의 호의를 어기는 것 같아서 부득이 이 자리에 나오게 된 것이오. 미력하나마 앞으로는 관청에서 지도하시는 대로, 우리 농촌의 진흥을 위해서 전력하겠으니, 여러분도 한 맘 한 뜻으로 나아가 주기를 바라는 바이오."

---

* 역원(役員) 임원.
* 박학천식(薄學淺識) 배움이 짧고 지식이 얕음.

새로운 회장이 일장의 인사를 베푼 후, 금융 조합 이사며 군서기와 기타 내빈들의 '이러니만큼' '저러니만큼' 석의 형식적인 축사가 끝났다.

역원 선거에 들어가, 동혁은 차점인 관계로 부회장 겸 서기로 지명이 되었다. 그러나 동혁은 나이도 젊고 강씨처럼 재산도 없을 뿐 아니라 아무 이력도 없다는 이유를 내세워 끝까지 사퇴를 하였다. 서기가 되는 것만 하더라도 이 회관을 같이 지은 농우회의 회원 열두 명을 전부 역원으로 뽑아 주지 않으면 나 홀로 중요한 책임을 맡을 수가 없다고 끝까지 고집을 해서 기어이 농우회 회원들이 실지로 일을 할 역원의 대다수를 점령하게 되었다. 오직 동화가 역원이 되는 것만은 회장과 구장이 극력으로 반대하여서 보류하기로 되었고, 늙은 축에는 교풍부장* 같은 직함을 떼어 맡겼다.

회가 흐지부지 끝이 날 무렵에야, 동혁은 서기석에서 천천히 일어섰다. 회원들의 박수 소리가 일제히 일어났다.

"대동의 여러분이 한 자리에 모이신 기회에, 잠시 몇 마디 여쭈어 두고 싶은 말씀이 있습니다."

우렁찬 목소리와 위풍이 있는 동작에 장내는 물을 끼얹은 듯이 조용해졌다.

그의 곁에 쪼그리고 앉은 기천의 존재가 납작해질 만큼이나 동혁의 윤곽은 큼직하였다.

"우리 동네에는 오늘부터 진흥회라는 것이 생겼고, 강기천 씨와 같은 유력하신 분이 회장이 되신 것은 피차에 경축할 만한 일이겠습니다. 저 역시 서기 겸 회계라는 책임을 지게 되어서, 두 어깨가 무거운 것을 느끼는 동시에, 여러분께서는 과거에 오랜 역사를 가진 농우회를 사랑하시던 터이니까, 앞으로도 더욱 편달해 주시기를 바랍니다."

---

* **교풍부장(矯風部長)** 풍속을 지도하는 부서의 장.

하고 여러 사람의 앞으로 한 걸음 다가서며, 그 검붉은 얼굴이 매우 긴장해진다. 내빈들은 물론 기천이도 동혁의 입에서 무슨 말이 떨어질지 몰라서 노랑수염을 배배 꼬아 올리며 눈만 깜박깜박하고 앉았다.

동혁은 여러 사람의 주목을 한 몸에 받으며,

"여러분, 여러분은 우리 동네에도 진흥회가 생긴 까닭과, 진흥회란 무엇을 하는 기관이라는 것은 면장께서 자세히 설명하신 것을 들으셨으니까 잘 아실 줄 압니다. 그러나 남이 시키는 대로 덮어놓고 복종하는 것보다 우리들의 일은 다른 사람의 손을 빌리지 말고 자발적으로 해야만 합니다. 이것이 진정한 의미의 자력 갱생입니다! 그러려면 우리 농촌에서 가장 폐단이 많은 습관과 우리의 생활이 이다지도 빈곤하게 된 까닭이 도대체 어디 있나? 하는 것을 냉정하게 생각해 보고, 그것이 그른 줄 깨닫고, 그 원인을 밝힌 다음에는, 즉시 악습을 타파하고, 나쁜 일은 밑둥부터 뜯어고치기 위해서 용기를 내야 합니다. 누가 무어라든지 용단성 있게 싸워 나가야만 비로소 우리의 앞길에 광명이 비칠 것입니다. 그러면 우리의 농촌이, 줄잡아 말씀하면 우리 한곡리가, 무엇 때문에 이렇게 가난한가! 손톱 발톱을 닳려 가며 죽도록 일을 해도, 우리의 살림살이가 왜 이다지 구차한가? 여러분은 그 까닭이 어디 있는 줄 아십니까?"

하고 대답을 기다리는 듯이 장내를 둘러보더니,

"그 까닭은 여러 가지가 있습니다. 그러나 가장 큰 까닭은, 이 자리에서 말씀하기가 거북한 사정이 있어서 저부터도 가려운 데를 버선등 위로 긁는 것 같은 느낌이 없지 않습니다마는, 가장 직접적으로 우리네같이 없는 사람들의 피를 빨아가는 것이 무엇인 줄 아십니까?"

하고 잠시 말을 멈추었다가,

"첫째는 고리 대금 업자입니다."

여러 사람의 시선은 말끔 새로운 회장의 얼굴로 쏠렸다.

"옳소……."

그것은 갑산의 목소리였다. 저녁때가 되니까 창 밖에는 바람이 일어, 불김이 없는 회관 안은 냉기가 돌건만, 누구 하나 추워하는 눈치가 보이지 않는다.

동혁은 신중히 말을 이어 고리 대금 업자의 발호*와 간교한 착취 수단으로 말미암아 빈민들의 고혈이 얼마나 빨리고 있나 하는 것을 숫자를 들어가며 폭로하고,

"앞으로 진흥회 회원은 과거에 중변*으로 쓴 돈도, 금융 조합에서 놓는 저리 이상으로 갚지 말고, 더구나 회의 책임자로서는 절대로 돈놀이를 해 먹지 못할 것을 이 자리에서 맹세하고 또 실행해야 합니다."
라고 부르짖은 다음 목소리를 떨어뜨리더니,

"오늘 회장이 되신 강기천 씨는, 우리 농우회원들이 진 여러 해 묵은 빚을 변리는 한 푼도 받지 않으시고 깨끗이 탕감해 주셨습니다."
하고 증서를 내보이면서,

"이번 기회에 그 갸륵한 처사를 여러분께서도 칭송하실 줄 아는 동시에, 강기천 씨는 이번에 진흥회장이 되신 기념으로 여러분의 채권까지도 모조리 포기하실 줄 믿고, 조금도 의심치 않는 바입니다."
하고는 슬쩍 기천을 흘겨본다. 이번에는 산병전을 하듯이 여기저기 끼여 앉은 회원들이 마루청을 구르며 손뼉을 쳤다.

기천은 사람을 바로 볼 용기가 없는 듯이, 실눈을 감고 아랫입술만 자근자근 깨물고 앉았다. 팔짱을 꼈다 손을 옆구리에 찔렀다 하는 것을 보면, 앉은 자리가 바늘 방석 같은 모양이나 체면상 퇴석하지 못하는 눈치다.

동혁은 말에 점점 열을 띠며, 고리 대금과 다름이 없는 장릿벼를 놓

---

* 발호(跋扈) 권세나 세력을 멋대로 휘둘러 횡포하게 날뜀.
* 중변(重邊) 비싼 이자.

아 먹는 악습까지 타파하라고, 강 도사 집과 그 밖에 구장과 같은 볏섬이나 앞세우고 사는 사람들에게 역시 세밀한 통계를 뽑은 것을 읽으며 경고를 하였다. 그 중에는 행전에다가 대님을 친 것만큼이나 켕겨서 슬금슬금 꽁무니 빼는 사람이 있는 것을 보고 동혁은 꾸짖듯이,

"아직 회가 끝나지 않았쇠다. 이것은 우리 같은 없는 사람들의 생사가 달렸다고 해도 과언이 아닌 문젠데 무단히 퇴장하는 사람이 누굽니까?"

하고 회관 안이 찌렁찌렁 울리도록 소리를 질렀다. 그 바람에 담배를 태우는 체하다가 다시 들어오는 사람은 모두 양반 행세를 하는 갓쟁이들이다.

기천은 날도 저물고 하니, 말을 간단히 하라고 주의를 시키려다가, 동혁에게 우박을 맞을까 보아 내밀었던 고개가 옴찔하고 들어갔다. 실상인즉 기천이가 진흥회장을 보느라고 갖은 수단을 다 쓴 것은 그것이 무슨 명정감이나 되는 듯이 명예심이 발동한 까닭도 있거니와, 그보다도 취리와 장리를 놓는 데 편의를 얻고 진흥회장이라면 무슨 권세가 대단한 벼슬로 여기는 백성들에게 위엄을 부려 재산을 늘리는 간접적 효과를 얻어 보려는 계획이었다. 그러던 것이 관공리들과 동민들의 눈앞에서 동혁의 입으로 구린 밑천이 드러나고, 여러 사람의 결의에 복종하지 않을 수도 없는 처지를 당하고 보니, 참말로 입맛이 소태* 같았다.

그 눈치를 모를 리 없는 동혁은, '할 말은 다 해 버리고 말 테다.' 하고 시꺼먼 눈동자를 굴리더니,

"또 한 가지 중요한 것이 있습니다. 우리가 아무리 빚을 갚고, 장릿벼를 얻어먹지 않게 된대도 지금처럼 논 한 마지기도 제 것이 없어 가지고는 도저히 먹고 살 도리가 없습니다. 아무리 농사를 개량한대도

---

*소태 소태나무의 준말. 맛이 몹시 쓰므로 비유적인 말로 많이 쓴다.

지주와 반타작을 해 가지고는 암만해도 생계를 세울 수가 없지 않습니까? '농지령'이라는 것이 생겨서 함부로 소작권을 이동하지 못하게는 됐지만, 지금 같아서는 지주들이 얼마든지 역용*할 수가 있게된 것입니다. 우리 도내만 해도 '농지령'이 실시된 뒤에 소작 쟁의의 건수가 불과 오 개월 동안에 천여 건이나 되는 것을 보아 짐작할 수가 있지 않습니까? 그러니까 지주나 소작인이 함께 살려면, 적어도한 십 년 동안은 소작권을 이동시키지 말고 금년에 받은 석수*로 따져서 도지로 내맡길 것 같으면, 누구나 제 수입을 위해서 나농*을 할 사람이 없을 겝니다. 이만한 근본책을 실행하지 못하면 '농촌 진흥'이니 '자력갱생'이니 하는 것은 모두 헛문서에 지나지 못합니다."

하고 주먹으로 테이블을 탁 치고는,

"이 밖에 우리 남쪽 조선에밖에 없는 양반과 상놈을 구별하는 케케 묵은 습관과 관혼상제의 비용을 절약하는 것 등, 하고 싶은 말씀이 많습니다마는, 한꺼번에 실행하기 어려운 문제일 것 같아서 그것은 뒤로 미루겠습니다."

하고 후일을 기약한 후 단에서 내려섰다.

밤은 자정이 넘은 지도 오래다. 초저녁에는 여기저기 머슴 사랑에서,

"의이잇, 모다……."

"이이키, 걸이다……."

하고 미친 놈이 생침을 맞는 듯한 소리를 지르며, 장작윷*을 노느라고 떠들썩하더니, 밤이 이슥해지며 한 집 두 집 불이 꺼지고 지금은 큰마을

---

* **역용**(逆用) 역이용. 어떤 목적을 위한 사물을 그 반대의 목적으로 이용함.
* **석수**(石數) 곡식을 섬으로 센 수효.
* **나농**(懶農) 농사일을 게을리 함.
* **장작윷** 기다랗고 굵게 만든 윷.

편에서 개 짖는 소리만 이따끔 컹컹컹 들릴 뿐……, 날은 초저녁보다 강강한데*, 싸락눈이 쌀쌀하게 뿌리기 시작한다. 회관 앞에 심은 전나무 동청나무의 잎사귀는 점점 백발이 되어 간다. 대보름달은 구름 속에 잠겨 언저리만이 흐릿한데, 그 사이로 유난히 붉은 빛이 도는 별 서넛은, 보초병의 눈초리처럼 날카롭게 땅 위에 깊이 든 눈밤을 감시하는 듯.

새로운 간판이 걸린 회관 근처는 인가와 멀리 떨어져서 무섭도록 괴괴한데, 위아래가 시꺼면 사람이 성큼성큼 올라온다. 장성*이 세지 못한 사람이 마주쳤다가는, '에구머니!' 하고 소리를 지를는지도 모른다. 시꺼면 사나이는 눈 위에 기다란 그림자를 이끌고 올라오다가 우뚝 서서 좌우를 둘러보고 인기척이 없는 것을 살피고서야 달음질을 해서 올라간다.

기다란 그림자는 휘젓한* 회관 뒤로 돌아갔다. 조금 있자 난데없는 불이 확 켜지더니 그 불덩어리는 도깨비불처럼 잠시 왔다갔다하다가 새빨간 불꽃이 뱀의 혀끝처럼 날름거리며 추녀 끝으로 치붙어 오른다.

그 때다. 검은 그림자가 올라오던 길로 조금 더 큰 시꺼면 그림자가 쏜살같이 치닫는다. 회관 뒤껼에서 큰 그림자는 작은 그림자를 꽉 붙잡았다.

"너 이게 무슨 짓이냐?"

형은 아우의 손목을 잡았다. 석유에 담근 솜방망이에 불을 붙여 추녀 끝에다 대고 섰던 동화는, 불빛에 머리끝이 쭈뼛하도록 무섭게 부릅뜬 형의 눈을 힐끔 쳐다보았다.

"이까짓 놈의 집 됐다 뭘 허우?"

그의 입에서는 술 냄새가 훅 끼쳤다.

"이리 내라!"

---

* 강강(剛剛)하다 날씨가 쌀쌀하다.
* 장성(壯盛) 기운이 씩씩하고 왕성함.
* 휘젓하다 호젓하다. 인적이 드물다.

동혁은 아우의 손을 비틀어 솜방망이를 꿰어 든 작대기를 빼앗아 던지더니 눈바닥에다 짓밟아 껐다.

그러고는 아우를 꾸짖을 사이도 없이 철봉을 하듯 몸을 솟구어 창 틈을 붙잡고 지붕으로 올라가려다가 추녀 끝이 잡히지 않으니까, 다시 쿵하고 뛰어내려서, 굴뚝으로 발돋움을 하고 지붕 위로 올라가더니,

"애, 흙이라도 끼얹어라. 어서 어서!"

동혁은 나직이 호통을 하며, 새집막이 속으로 붙어 당긴 불을 사뭇 손으로 몸뚱이로 비벼서 간신히 껐다. 그 동안 동혁의 동작은 비호같이 날랬다. '불야!' 소리를 지르거나, 샘으로 물을 푸러 간다든지 해서, 소동을 일으킬 것 같으면, 아우가 방화범이 되어 잡혀 갈 것이 아닌가.

초저녁에는 강 도사 집 마당에서 젊은 사람들이 편윷을 놀았었다. 기천이가 새로 선거된 임원들을 불러 저녁을 먹이는데, 동화가 술이 취해 가지고 달려들었다.

"어째서 나 하나만 따돌리느냐? 너희놈들버팀 의리 부동한 놈들이다."
하고는 작대기를 들고 회원들을 닥치는 대로 두들겨 패고,

"너 이놈, 강기천이 나오너라! 네깐놈이 회장이 되면 난 도지사 노릇
    하겠다. 너 요놈, 땀 한 방울 안 흘리고 우리 회관을 빼앗아 들어?"
하고 소리를 벽력같이 지르며 사랑으로 뛰어드는 것을 동혁이와 정득이, 갑산이가, 간신히 붙들어다가 집으로 끌고 가서 눕혔다.

동화가 미친 사람처럼 날뛰는 바람에 윷놀이판은 흐지부지 흩어지고, 겁이 나서 안방으로 피해 들어갔던 기천은 동화가 끌려간 뒤에야 나와서,

"그렇게 양반을 못 알아보고 폭행을 하는 놈은, 한 십 년 징역을 시켜
    야 한다."
하고 이빨을 뽀드득뽀드득 갈며 별렀다.

동혁은 어찌나 속이 상하는지 아우를 퍽퍽 두드려 주고 싶었다. 그러

면서도 한편으로는 아우의 정열과 혈기를 사랑하는 터이라 일찌감치 집으로 돌아와서,

"어서 자거라! 과부집 수캐 모양으로 돌아댕기며 일만 저지르지 말고……. 넌 술 때문에 큰코를 한 번 다치구야 말리라."

하고 곁에 누워서 이 생각 저 생각을 하던 끝에,

'떠나기 전에 꼭 한 번 만나야겠는데…….'

하고 영신의 생각을 하다가 잠이 어렴풋이 들었다. 그러다가 자는 체하던 동화가 슬그머니 빠져나간 것을 헛간에서 덜커덕거리는 소리로 알고, 깜짝 놀라 뛰어나가서 뒤를 밟았던 것이다.

동혁은 온통 꺼멍투성이가 되어 씨근거리며,

"얘 누가 알았다간 큰일난다. 큰일나!"

하고 쉬이쉬이하며 아우의 손목을 잡아 끌고 내려오는데, 뜻밖에 등 뒤에서,

"거기서 뭣들을 하셨에유?"

하는 소리가 들렸다. 형제는 머리끝이 쭈뼛해서 멈칫하고 서지 않을 수 없었다. 그것은 석돌이의 목소리인 것이 틀림없었다.

……영신은 조선을 떠나기 전날까지 동혁을 기다렸다. 눈이 까맣게 기다리다 못해 반신료*까지 붙여서 전보를 쳤다. 그래도 아무 회답이 없어서,

'이거 무슨 일이 단단히 생겨나 보다.'

하고, 짐은 먼저 철도편으로 부치고, 빈 몸으로 한곡리를 향하여 떠났다. 동혁을 만나 보지 않고는 떠날 수가 없었고, 또는 두 사람의 장래에 관한 일도 충분히 상의해서 이번에는 아주 아귀를 짓고 떠나려 함이었다.

---

* 반신료(返信料)　편지나 전보 등 회답하는 통신에 드는 우편료나 전신료.

영신은 허위단심*으로 두 번째 제3의 고향을 찾아왔으나 동혁의 형제와 건배는 물론 의형제를 맺었던 건배의 아내까지도 없었다. 집에만 없는 것이 아니라, 온 동네가 텅 빈 듯 그네들의 그림자조차 찾을 수 없었다.

동혁의 어머니는,

"아이구 이게 누구요?"

하고 영신의 손을 잡고 과부가 된 며느리를 맞아들이는 듯하는데, 말보다 눈물이 앞을 선다.

"아아니, 다들 어디 갔습니까?"

영신은 부지중 노인의 소매를 끌어당겼다.

"그 앤 읍내로 잡혀 갔다우!"

"잡혀 갔다뇨?"

영신은 목소리뿐 아니라 몸까지 오들오들 떨렸다.

"그 심술패기 동화란 녀석이, 회관 집에 불을 지르다가 형한테 들켜서 그 날 밤으로 어디론지 도망을 갔는데……."

"아, 그래서요?"

"그 다음 날 경찰서에서 어떻게 알았는지, 동화를 잡으려고 순사 형사가 쏟아져 나왔구려."

"그럼, 큰자제는요?"

"큰앤 상관도 없는 일인데, 아우형제가 뭐 공모를 했다나, 그리고 조련질*을 하다 못해서, '동화가 도망간 델 넌 알 테니, 바른대로 대라.' 고 딱딱거리니까, '모르는 건 모른다지, 거짓말은 할 수 없다.' 고 막 뻗대던 끝에……."

어머니의 눈에서는 눈물이 쉴새없이 질금질금 흘러내린다. 그러면서,

---

* 허위단심 허우적거리며 무척 애를 씀.
* 조련질 못되게 굴어 남을 몹시 괴롭히는 것.

"아무튼 춘데 방으로나 들어갑시다."

하고 영신을 끌어들이고는 한 말을 되하고 되하고 하면서,

"아이구, 이젠 자식이 둘 다 한꺼번에 없어졌구려. 영감마저 동혁이
밥이나 사들여 보낸다고 읍내로 쫓아가셔서……."

하고는 싸늘한 자리 위에 가 엎어진다. 그 동안 혼자서 곡기도 끊고 며
칠 밤을 울며 밝힌 모양이다.

영신은 아랫입술을 꼭 깨문 채, 가엾은 노인을 위로해 줄 말 한 마디
도 나오지 않았다. 남을 위로해 줄 마음의 여유가 없다느니보다도, 제
가 먼저 방바닥이라도 땅땅 치며 실컷 울고나 싶은 것을 억지로 참느라
고 꽁꽁 안간힘을 썼다.

실망과 낙담을 한 끝에, 영신이도 윗목에 가 쓰러졌다. 황혼은 자취
없이 토담집 속까지 스며드는데, 주인을 잃은 돼지가 우릿간에서 꿀꿀
거리는 소리만 들린다.

얼마 있자 읍내로 동혁의 소식을 알려고 갔던 정득이와 갑산이가 찾
아와서, 영신은 그들에게서 그 동안의 자세한 경과를 듣고 궁금증만은
풀 수가 있었다.

그들의 말을 모아 보면, 윷을 놓고 오다가 동화가 회관에 불을 놓는
것을 목도한 석돌이는 동혁의 단단한 부탁도 듣지 않고, 전화통의 본색
을 발휘하느라고 그 길로 기천을 찾아가서 제 눈으로 본 것을 저저이
고해 바쳤다. 기천은 귀가 반짝 틔어서,

"옳다구나. 인제도 이놈!"

하고 이튿날 훤하게 동이 틀 무렵에 편지를 써서 머슴에게 자전거를 내
주어 읍내에 급보를 하였다.

저녁때에 중대 사건이나 난 듯이 자동차를 몰아온 경관대는, 추녀가
불에 그슬린 회관을 임검한 뒤에 동혁과 농우회원들의 집을 엄밀히 뒤
졌다. 동시에 눈에 핏줄을 세워 가지고 방화범을 찾다가,

"네가 어디다가 숨겨 뒀거나 도망을 시킨 게 아니냐?"
고 종주먹*을 대어도, 동혁은,
"백판 모르는 일을 안다고 할 수는 없소."
하고 끝끝내 강경히 버티다가 기어이 검거를 당해서, 증인인 석돌이와 함께 읍내로 끌려갔는데, 다른 회원들도 날마다 하나 둘씩 호출을 당한다는 것이었다. 영신은 저도 함께 겪은 것처럼 모든 것을 짐작할 수 있었다.

가뜩이나 파리한 몸의 피가 졸아붙는 듯한 고민의 하룻밤은 밝았다. 아침 뒤에 영신은 동혁의 어머니를 위로해 주고 읍내를 향하여 떠났다.
하늘은 짙은 잿빛으로 잔뜩 찌푸리고 비와 눈을 섞은 바람은 신작로 위를 씽씽 불어 숨이 탁탁 막힌다. 퇴원한 뒤로 조섭도 변변히 하지 못한 사람이, 사십 리 길을 내쳐 걷기는 참으로 어려운 노릇이었다. 그러나 영신은, 한시바삐 동혁을 만나 보고 싶은 생각에 마음이 죄어서 그런지, 의외로 걸음이 빨리 걸렸다. 그러나 돌부리에 무심코 발끝이 채여도 아랫배가 울리고 수술한 자리가 땅겨서 한참씩 움켜쥐고 섰다가, 다시 걷기를 몇 번이나 하였다.
경찰서에서는 동혁의 면회를 시켜 주지 않았다. 졸라서 들을 일도 아니지만, 사법계에서는 고등계로 밀고 고등계에서는 사법계에서 관계한 사건이니까 우리는 모른다고 딱 잡아떼어서 가슴 속에 첩첩이 쌓인 만단 설화*를 어디다가 호소해야 할지 차디찬 마룻바닥에 몸부림이라도 치고 싶었다.
영신은 하도 망단*해서 이 방 저 방으로 풀이 죽은 걸음걸이로 드나

＊ 종주먹 주먹으로 쥐어지르며 을러대다.
＊ 만단 설화(萬端說話) 모든 이야기.
＊ 망단(望斷) 바라던 일이 실패로 돌아감.

들다가,

　'인제는 억지를 쓰는 수밖에 도리가 없다.'

하고 마음을 단단히 먹은 후, 다시 고등계실로 쑥 들어갔다. 겉으로는 방화 사건이나 동혁은 고등계에서 취조를 받는 듯한 낌새를 형사들의 눈치를 보아서 짐작할 수가 있었던 것이다.

　영신은 주임의 책상 앞에 가 버티고 앉아서,

　"난 그 박동혁이란 사람하고 약혼을 한 사람인데요, 이번에 멀리 떠나가게 돼서 단 몇 분 동안이라도 꼭 만나야겠어요."

하고는 사뭇 떼를 썼다. 이마와 양미간이 좁다랗고, 몹시 신경질로 생긴 경부보는 안경 너머로 영신을 노려보며,

　"한 번 안 된다면 고만이지, 무슨 여러 말야! 여기가 어딘 줄 아는가?"

하고 소리를 바락 지르며 부하를 시켜 당장 내쫓을 듯한 형세를 보인다. 그래도 영신은,

　"여보슈, 당신도 인정이 있거든 남의 일이라도 좀 동정을 해 주구려."

하고는 듣든 말든, 그 동안에 제가 다 죽게 된 것을 그 사람이 살려 주었다는 것과 두 사람의 장래의 가장 중요한 일을 의론하지 않고서는 떠날 수가 없다는 사정을 좍 쏟아 놓았다.

　주임은 눈을 깜박깜박하고 듣다가,

　"우루사이 온나다나(귀찮은 여자를 다 보겠다.)."

하고 상을 찡그리며 일어서더니, 무엇을 생각했는지,

　"이리 나오라."

고 해서, 영신을 밖으로 불러 냈다.

　'옳지 인제야 면회를 시켜 주려나 보다.'

하고 영신은 우선 가슴이 설레는 것을 진정시키며 주임의 뒤를 따랐다.

　그러나 영신이가 끌려들어간 곳은 햇빛도 새어 들어오지 않는 음침

한 조그만 방인데 무시무시한 기구가 놓인 것을 보아 취조실인 것이 틀림없었다.

주임은 묻는 대로 모든 것을 속이지 않고 저저이 대면, 면회를 시켜 주겠다고 달래기도 하고, 위협도 해 가면서 동혁이와의 관계며 어떻게 연락을 취해 가지고 무슨 일을 해 온 것까지 미주알 고주알 캐묻는다.

배에 휘둘리고 먼 길을 걸어와서 두세 시간이나 뜻밖의 취조를 받기는 실로 참기 어려운 고통이었다. 그러나 영신은 흥분하는 것이 불리할 줄 알고 될 수 있는 대로 냉정히 대답을 하면서도,

'단순히 방화 범인을 숨겼다는 것이 아니고, 무슨 다른 사건이 있는 줄로 지레 짐작을 하고서 이러는 게 아닐까? 이번 기회에 생트집이라도 잡으려는 게 아닐까?'

하니 말대답하기가 여간 조심스럽지가 않았다.

마주 앉은 사람의 얼굴이 보이지 않을 만큼이나 어두운 뒤에야 취조가 끝이 났다. 주임은 그제야,

"그럼 면회는 내일 아침에 시켜 주지."

하고 한 마디 던지고 나가 버렸다.

기름이 졸아붙는 남폿불을 돋워 가며 잠을 이루지 못하는 겨울 밤은 길기도 길었다.

일부러 경찰서와 담 하나를 사이에 둔 여관에 들어서, 동혁의 괴로이 내쉬는 입김이 유치장의 철창을 새어, 저의 폐 속까지 스며드는 듯, 영신의 솜같이 풀어진 온몸의 세포는, 눈에 보이지도 않는 액체로 스스로 녹아 버리는 듯하다.

천 갈래 만 갈래로 흐트러지는 심사를 주워 모을 길 없어서, 잠이나 억지로 들어 보려고 미지근한 방바닥에 늘어지면, 마룻바닥에 얄따란 담요 한 자락을 뒤집어쓰고, 새우잠을 자는 사랑하는 사람이 눈앞에 어

른거린다. 온돌에 누웠기가 몸이 근지럽도록 미안쩍은 생각이 들어서, 영신은 다시 일어나 앉기도 몇 번이나 하였다.

빠듯한 노자에서 사식이라도 차입할 생각을 하다가 새벽녘에야 간신히 눈을 붙이려는데, 주정꾼들이 바로 옆방과 문간방으로 우르르 몰려들어왔다. 수작하는 것이 군청패나 경찰서 측 같은데, 계집을 하나씩 끼고 와서 추잡한 소리를 하며 떠들어 대서 간신히 청한 잠을 또다시 놓쳐 버렸다.

……뒤숭숭한 꿈자리에서 눈을 떠 보니 어느덧 날이 밝았다. 영신은 잔 입*으로 출근 시간이 되기를 기다려 경찰서로 갔다.

취조를 해 보니, 사실 별일은 없는데, 언질*을 잡힌 터이라, 고등계 주임은 마지못해서 면회를 허락하였다. 취조실 문이 열리는 소리에 바작바작 졸이고 섰던 영신의 가슴은 달칵 내려앉았다.

옷고름을 떼어 버린 솜바지 저고리를 비둔*하게 입고, 떡 들어서는 동혁이! 그 얼굴에는 반가운 웃음이 가득 찼다.

"내 오실 줄 알았지요. 엊저녁 꿈에……."

하고 달려들어 악수를 하려다가 곁에 붙어선 형사를 흘끗 보고는 물러섰다. 영신은 너무 반가워서 말문이 꽉 막힌 듯 눈물이 핑 돌아 가지고 입술만 떠는 것을 보고 동혁은,

"영신 씨 같은 여자도, 이런 자리에서 눈물을 보이나요?"

하고 너그러이 웃는 입모습으로 나무라듯 한다. 동혁의 태연자약한 태도와 얼굴빛을 보아, 가장 염려했던 일은 당하지 않은 줄 알고, 영신은,

"얼마나 고생이 되세요?"

하고 그제야 떨리는 목소리로 입을 열었다.

＊ 잔 입　아침에 일어나서 아무것도 먹지 아니한 입.
＊ 언질(言質)　나중에 증거가 될 말.
＊ 비둔　옷을 두껍게 입어서 몸 놀리기가 자유롭지 못함.

"고생이랄 게 있나요. 아무것도 듣고 보질 않으니까 되레 편한데요. 조용히 생각할 기회도 얻었구요."

하고는 영신의 아래위를 훑어본다.

"아직도 건강이 전만 하려면 멀었는데 또 무리를 하셨군요. 그런데 언제 떠나세요?"

"떠나기 전에 뵙고 가려고 왔다가, 한곡리서 하룻밤을 자고 왔는데 차마 나 혼자 어떻게……."

"천만에, 내 걱정은 조금도 하지 말고, 오늘이라도 떠나세요. 공부는 둘째 문제고, 우선 정양을 하실 필요가 있으니까 당분간 청석골을 떠나실밖에 없지요. 그러면 자연 기분 전환도 될 수 있을 테니까요. 어디서든지 그저 건강에만 힘을 써 주세요. 우리의 장래 일은 나간 뒤에 의론합시다."

"그 일이 급하겠어요? 그저 속히 나오기만 빌지요. 나 때문엔 너무 염려하지 말아 주세요. 힘자라는 데까지는 조섭을 할 테니까요. 그렇지만 또 어느 때나 만나게 될지……?"

영신은 고개를 돌리며 눈물을 깨문다.

"사실 아무 일도 없어요. 하지만 동화가 어디로 간 걸 알 때까지는 나가지 못할 것 같으니까, 좀 오래 걸릴 것도 같아요. 아무튼 나가는 대로 곧 전보를 치지요. 그 때까지 맘 놓고 기다려 주세요."

하면서도 동혁은 여전히 참기 어려운 마음 속의 고민을 웃음으로 싸서 보이려고 애를 쓴다.

"그럼 나오신 뒤엔 어디서 만날까요?"

살아 생전 다시는 만나 보지 못할 것처럼 영신의 표정은 전에 없이 애련하다.

"우리의 일터에서 만나지요. 한곡리하고 청석골하고 합병을 해 놓고서, 실컷 맘껏 만납시다."

하는데, 동혁은 등을 밀렸다. 형사가 잠깐 돌아선 사이에, 동혁은 영신의 손을 덥석 잡았다. 두 사람의 혈관이 마주 얽혀서 떨리는 듯한 악수의 순간!

"허어, 손이 이렇게 차서……."

동혁은 입 속으로 부르짖고 다시 한 번 가냘퍼진 영신의 손을 으스러지도록 쥐고 흔들다가, 두 번째 등을 밀려서 그 손을 뿌리치며, 획 돌아섰다. 유치장으로 통한 복도의 콘크리트 바닥에 영신의 눈물이 방울방울 떨어져서 돈짝만큼씩 번졌다.

이역의 하늘

영신은 차마 발길이 돌아서지 않는 것을, 하는 수 없이 조선을 등지고 떠났다. 그렇건만 한 달이 지나고 두 달이 지나도 동혁에게서는 전보도 편지도 오지 않았다. 차디찬 다다미 방에서 얄따란 조선 이불을 덮고 자고, 입에 맞지 않는 음식으로 겨우 요기만 하며 지내는 영신에게는, 기숙사 생활이 여간 신산한* 것이 아니었다.

동무들도 친절하기는 하나 속마음을 주고 이야기할 사람이 없어 어울리지 않는 일본 옷을 입은 것처럼, 동급생들하고도 얼리지를 않았다. 학교도 예상하였던 것보다는 취미에 맞는 것이 없고, 농촌에 관한 것은 거의 한 과정도 없어,

'이걸 배우러 여기까지 왔나?'

하는 후회가 났다. 정양할 겸 온 것이라지만, 수토가 달라 몸은 점점 쇠약해질 뿐……

학교에 가서도 층층대를 오르내리려면, 다리가 무겁고 무릎이 시큰시큰하여서 매우 괴로웠다. 부었다 내렸다 하는 다리를 눌러 보면, 손가락 자국이 날 만큼이나 살이 무르다. 같은 방에 있는 학생에게 물어 보니,

"암만해도 각기병 같은데 얼른 병원에 가 진찰을 해 봐요. 각기가 심장까지 침범하면 큰일난답니다."

하면서도 전염병이 아닌데도 같이 있기를 꺼리는 눈치까지 보였다.

"아이고! 또 병원엘 가야 하나!"

말만 들어도 병원 냄새가 코에 맡이는 듯 지긋지긋하였다. 가 보려야 진찰료와 약값을 낼 돈도 없지만…….

'이런 구차스런 유학이 어디 있담.'

영신은 만사가 도시 귀찮았다. 공부고 무엇이고 다 집어치우고 고향에 가 눕고만 싶었다.

오라는 곳마다 방황하여도

---

* 신산(辛酸)하다   괴롭고 쓰라리다.

일간두옥 내 집만한 곳이 없고나!

소녀 시대에 부르던 '홈 스위트 홈'을 그나마 남몰래 불러 보려면, 떠나올 때에도 찾아가 뵙지 못하고 온 홀어머니 생각에 저도 모르게 베개를 적시는 밤이 계속되었다.

'내가 천하에 불효녀지, 무슨 사업을 한답시고, 그 불쌍한 어머니 한 분을 모시고 지내지를 못하니⋯⋯.'
할 때마다 마음이 아팠다. 그러나 밤이면 밤, 꿈이면 꿈마다 보이는 것은 청석골이다.

이제는 제2의 고향이 아니라, 저를 낳아 길러 준 어머니가 계신 고향보다도 청석골이 그리웠다. 어느 것이나 정다운 추억이 아닌 것이 없다.

"오오 청석골, 그리운 내 고향이여!"

시를 지을 줄 모르는 영신의 입에서 저절로 새어 나오는 영탄사*건만, 그대로 내뽑으면 시가 되고 노래가 될 듯싶다.

정을 가득 담은 원재 어머니의 편지를 받을 때마다, 뒷일을 맡은 청년들의 자세한 보고를 접할 때마다, 사랑하는 사람의 편지를 받을 때만큼이나 가슴이 설렜다. 그 중에서도 제가 기역, 니은부터 가르치고, 가장 불쌍히 여기던 금분이가 공책에다가 연필로 꼭꼭 박아서,

전 선생님 보고 싶어요. 오늘도 선생님 편지 기다리다간 체부*가 그대로 가서, 옥례하고 필순이하고 자꾸만 울었에요. 우리들은 선생님이 이상스런 옷을 입고 박으신 사진 보고 깜짝 놀랐지요. 아이 숭해, 인전 그런 옷 입지 마세요. 그래도 우리를 보고 웃으시는 걸 보니간, 어떻게 반가운지 눈물이 나겠지요. 아이 그런데 선생님 난 몰라

---

* 영탄사(詠歎詞) 깊이 감동한 말.
* 체부(遞夫) 우편 집배원.

요. 그걸 서로 뺏다가 찢었으니 어쩌면 좋아요? 옥례가 찢었에요. 그래서 반씩 논아 가졌는데, 또 한 장만 보내 주세요. 네 네? 아무도 안 뵈고 저만 두고 볼게요.

글자도 몇 자 틀리지 않고 정성을 들여 반듯반듯이 쓴 글씨를 볼 때, 영신은 어찌나 귀엽고 반가운지, 그 편지에 수없이 입을 맞추었다. 눈보라 치는 겨울에도 홑속곳을 입었던 금분이를 저의 체온으로 품어 주듯 그 편지를 허리춤에다 넣고 틈만 있으면 꺼내 보았다.

어떤 날은 사내아이들과 계집아이들의 편지가 소포처럼 뭉텅이로 와서 부족*을 물었다. 편지마다 선생님 보고 싶다는 말이요, 사연마다 어서 오라는 부탁이다. 어떤 아이의 편지에는, 누린 종이 위에 눈물을 뚝뚝 떨어뜨려 글자가 번진 흔적처럼 보여서,

"오오, 이 세상에서 어느 누가 나를 이다지도 보고 싶어 하겠느냐. 이다지도 작은 가슴을 졸이며, 고 어여쁜 눈에 눈물을 짜내며 이 나를 기다려 줄 사람이 누구냐. 너희밖에 없다. 온 세계를 헤매 다녀도 우리 고향밖에 없다. 청석골밖에 없다!"

하고 그 편지 뭉텅이를 어린애처럼 붙안고 잤다. 그는 홈시크*란 병까지 침노를 받은 것이다.

한편으로 동혁의 소식이 끊어져 가뜩이나 심약해진 영신의 애를 태웠다. 한곡리로 몇 번이나 편지를 했지만 답장이 없다가 하루는 뜻밖에 정득의 이름으로 편지가 왔다.

동혁은 도청 소재지의 검사국으로 넘어갔고, 동화는 만주에 가 있는 듯하다는 것과, 수일 전에야 동혁이와 한 방에 있던 사람이 나와서, 일

---

* **부족** 미납 우편 요금인 듯.
* **홈시크**(home sick) 집을 그리워하는, 고향을 못 잊는. 망향병.

부러 찾아왔는데,

검사국까지 넘어오기는 했으나, 면소가 되어 불원간 나갈 자신이 있으니, 영신 씨에게도 그 말을 전해 주고, 아무 염려 말고 건강에만 주의하라고 부탁을 하고 갔으니 안심하라.

는 사연이었다.

영신은 비로소 마음을 놓고, 그 날 밤은 일찍 자리에 누웠다. 그러나 곁에 누운 학생이 늦도록 촛불을 켜 놓고 복습을 하느라고, 부스럭거리고 드나들고 하여서 잠은 들었다가도 몇 번이나 깼다.

청석골의 환경이 머릿속에 환하게 나타나고, 학원과 아이들의 얼굴이 핀트가 어그러진 활동 사진처럼 어른어른하다가는, 한곡리의 달밤, 그 바닷가에서 동혁에게 사랑의 고백을 받던 때의 정경, 병원에서 그에게 안겨 지극스러운 간호를 받던 생각이 두서없이 왕래해서, 그 환영을 지워 버리려고 이리 뒤척 저리 뒤척 하며 무진 애를 쓰다가 근근근 쑤시는 다리를 제 손으로 주무르며 간신히 잠이 들었다.

"땡그렁 땡그렁."

청석 학원 앞에 새로 단 종소리가 어렴풋이 들린다. 종대에 돌연히 나타나 종을 치는 사람을 보니 용수*를 써서 얼굴은 보이지 않으나 시꺼먼 두루마기 앞섶에 번호를 붙였는데, 그 건장한 체격이 동혁임에 틀림없다. 동혁은 커다란 수갑을 찬 두 손을 모아 줄을 쥐고 매달리며 힘껏힘껏 잡아당긴다.

"땡그렁 땡그렁 땡그렁."

종이 사뭇 깨지는 듯한 소리가 온 동리에 퍼진다. 불종* 소리나 들은 듯, 동네 사람들은 운동장에 백결 치듯 모였다. 동혁은 무어라고 소리

---

* 용수 얼굴을 보지 못하도록 죄수의 얼굴에 씌우던 물건.
* 불종 불이 난 것을 알리기 위하여 치는 종.

소리 지르며, 수갑을 낀 팔을 내두르면서 한바탕 연설을 한다.

그 말은 한 마디도 알아들을 수가 없으나, 군중은 우아! 우아! 하고 고함을 지른다. 그러다가 동혁은 무참히도 말로는 형용할 수 없는 모양으로 말을 탄 사람들에게 붙들려 질질 끌려간다.

"동혁 씨!"

"동혁 씨!"

영신은 외마디 소리를 지르며 허겁지겁 그 뒤를 쫓아가는데,

"사이상, 사이상, 네고도 잇데루노? 아 고와이!(영신 씨, 영신 씨, 잠꼬대를 하오? 아이 무서워!)"

하고 어깨를 흔드는 것은 새벽 기도회에 참례하려고 잠이 깬 곁에 누웠던 동급생이었다.

영신은 전신에 소름이 오싹 끼쳤다. 이마의 식은땀을 손등으로 씻으면서도, 꿈의 세계를 헤매는 듯 눈을 멀거니 뜨고 한참 동안이나 천장을 쳐다보았다. 몸서리가 쳐지는 지겨운 환영에서는 깨어났으나 종소리만은 현실이었다.

학교 안에 예배당으로 쓰는 강당 앞에서 늙은 교지기*가 쉬엄쉬엄 치는 종소리가 졸린 듯이 들린다. 꿈자리 산란한 이역의 서리찬 새벽 하늘에…….

영신은 기도회에 참례를 하려고, 밤 사이에 더 부어오른 다리를 간신히 짚고 일어서 세숫간으로 나가다가 머릿속이 핑 내둘리고, 다리의 힘이 풀려 문지방에 허리를 걸치고 쓰러졌다. 학생들은 벌써 기도회로 다가고 굴 속같이 컴컴한 기다란 복도에는 사람의 그림자도 없다.

영신은 의식을 회복하고 눈을 떴을 때에야 제 몸이 의료실로 떠메어와서 누운 것을 깨달았다.

---

* 교지기 교회를 지키는 수위.

숙직하는 교원에게 응급 치료를 받은 후 교의가 올 때까지 기다리는 동안에 영신은 몽유병 환자와 같이 눈을 멀거니 뜨고 누워서, 수술실처럼 흰 휘장을 친 유리창이 아침 햇살에 뿌옇게 물이 드는 것을 넋을 잃고 보고 있었다. 그제야 맹장염 수술한 자리가 뜨끔거리는 것을 깨닫고,

"아이고! 인전⋯⋯."

하고 절망적인 한숨을 내뿜었다.

백발이 성성한 교의는 실내에까지 단장을 짚고 들어와서, 영신을 자세히 진찰해 본 뒤에,

"몸 전체가 대단히 쇠약한데, 각기병은 짧은 시일에 쉽사리 치료를 할 수 없는 병이니, 고향으로 돌아가서 편안히 쉬며 치료를 하는 것이 좋겠소. 복부의 수술도 완전히 하지 못해서, 재발될 징조가 보이니 특별히 주의를 하지 않으면 큰일나오."

하고는 비타민 B가 부족해서 나는 병이니, 현미나 보리밥을 먹으라는 둥, 심장이 약하니 절대로 과격한 운동을 하지 말라는 둥 주의를 시키고 나갔다.

경험 있는 의사의 권고까지 받고, 영신은 더 있을 수가 없었다. 고명한 의사가 들이쌓였고, 의료 기관이 아무리 발달된 곳인들 고향으로 돌아갈 노자 몇십 원이 없는 영신에게 있어 무슨 소용이 있으랴.

가나오나 남의 신세만 지는 몸이, 더구나 인정 풍속이 다른 수천 리 타향에서, 그네들의 진심에서 우러나지 않는 친절을 받느니보다는 하루바삐 정든 고향으로 돌아가서 피골이 상접해 가는 몸을 편안히 눕히고 싶었다. 편안히 눕히지는 못하더라도 여러 해 만에 어머니를 곁에 모셔 오고, 청석골의 산천을 대하고, 꿈에도 못 잊는 어린 학생들의 손을 잡고 뺨을 비벼 보면, 정신상으로나마 얼마나 큰 위로를 받을지 몰랐다. 그는 마침내,

'가자, 죽더라도 내 고향에 가 묻히자!'

하고 비장한 결심을 하였다. 서울 연합회의 백씨에게 급한 사정을 하고 노비를 보내 달라고 편지를 써서 항공 우편으로 부쳤다. 돈 말을 하기는 죽기보다 싫지만 남에게 구구한 사정을 하는 것도 이번이 마지막인 것 같은 생각이 들어서, 한 달 학비를 다가 쓰는* 셈만 친 것이다.

노비가 오기를 기다리는 동안 영신의 고민은 거의 절정에 이르렀다.

'우리의 결혼 문제는 어떡할까?'

그것은 물론 시급히 닥쳐오는 문제는 아니었다. 그러나 사랑하는 사람은 자유를 잃은 몸이 되어 있고, 저는 무엇보다도 첫째 조건인 건강을 잃은 몸이다. 그러나 이미 약혼을 해 놓고 이제까지 기다리던 터이니, 그 문제가 가장 큰 고민거리가 되지 않을 수 없었다.

'그이는 불원간 나올 자신이 있다고 하지만, 내 몸이 이 지경이 된 것을 보면 얼마나 낙심을 할까. 그이는 오직 나 하나를 기다리고 청춘의 정열을 억눌러 오지 않았는가. 나이 삼십에 가까운 그다지 건강한 청년으로 보통 남자로는 참을 수 없는 것을 점잖이 참아 오지 않았는가. 다른 남자는 술을 마시고 청루*에까지 발을 들여 놓는데, 그이는 생물의 본능을 부자연하게 억제하며 오직 일을 하는 것으로 모든 오뇌를 잊으려고 하지 않았는가. 더군다나 늙은 부모를 모신 맏아들로 오직 나 때문에, 이 변변치 않고 보잘것 없는 나 하나와의 약속을 지키기 위해서……'

생각하면 생각할수록 동혁에게 대해서 미안한 마음을 금할 수 없다.

'내가 두 번 다시 돌아오지 못하는 남의 청춘을 무참히 짓밟는 것이 아닐까. ○○일보사 누상에서 첫번 얼굴을 대한 후, 벌써 몇몇 해를 사모해 오고 사랑해 오는 동안, 나는 그이에게 털끝만한 기쁨도 주지

---

*다가 쓰다 먼저 당겨서 쓰다.
*청루(靑樓) 여자가 나오는 술집.

못하였다. 도리어 적지 않은 정신상 육체상 고통을 주었을 뿐이다. 그러나 그렇다고 인제 와서, 무슨 매매 계약을 한 것처럼 약혼을 해약할 수도 없는 노릇이다.'

생각이 여기까지 이르자, 영신의 여윈 뺨을 소리 없이 흘러내리는 것은, 아직도 식지 않은 눈물이다. 좀처럼 모든 일에 비관하지 않으려던 전일에 비해서, 너무나 마음까지 몹시 약해진 것을 스스로 깨달을수록, 눈물은 그 비례로 쏟아져 소매를 적시고 베개를 적신다.

사랑하는 사람은 돌덩이 같은 육체와 무쇠 같은 의지력을 가진 사람이니까, 감옥에서 고생쯤 하는 것으로는 끄떡도 안 할 것만은 믿는다. 그저 무사히 나오기만 축수할 뿐이다.

'그렇지만 그이가 나온 뒤까지 오래오래 두고 이 지경대로 있으면 어떡하나? 하나님께서 설마 나를 이대로 버리실 리는 만무하지만……'

하고 아직도 신앙을 잃지 않으려고, 정성껏 기도도 올려 본다. 주를 부르며 저의 고민을 하소연도 해 본다.

'내가 만일 건강이 회복되어서, 그이와 결혼 생활을 한다면 어떻게 될까. 구차한 살림에 얽매고 어린것들이 매달리고, 시부모의 시중을 들고, 집안 식구의 옷뒤*를 거두고, 다만 먹기를 위해서 이른 아침부터 밤늦도록 다른 농촌의 여자와 같이 집구석 부엌구석에서 한평생을 헤어나지 못하고 말 것이다.'

하고 앞일을 상상해 볼 때, 영신의 머릿속은 또다시 시꺼먼 구름이 끼는 것처럼 우울해진다. 아직까지 사업에 무한한 애착심을 가지고, 한 몸을 이 사회에 바쳐 온 영신으로서는, 두 가지 길 중에 어느 한 가지 길을 밟아야 옳을는지, 방황하지 않을 수 없다.

---

* 옷뒤 빨래나 바느질.

'어떡하나? 아아, 어떻게 하면 좋을까?'

영신은 이불 속에서 흐트러진 머리카락을 쥐어뜯었다.

'내가 그이를 진심으로 진정으로 사랑한다면, 지금의 나로서는 꼭 한 가지밖에 취할 길이 없다!'

영신은 무한히 고민한 끝에 한 가지 결론을 얻었다.

'나와의 결혼을 단념시킬 것뿐이다!'

이 말 한 마디는 창자를 끊어 내는 듯한 마지막 가는 말이다. 그러나 영신은 그렇게 부르짖지 않을 수 없었다.

'그이는 웃음의 말이라도 "조선 안의 하고 많은 여자 중에 하필 '채영신' 석 자만 쳐다보고, 두 눈을 끔벅거리고 있는 나 자신이 불쌍해 보인다."고 하였다. 그 말이 어느 정도까지는 속임 없는 고백일 것이다. 기막힌 일을 당할 때에 웃음이 터져 나오고 가슴이 답답할 때에 트림이 끓어오르는 것과 같이, 그는 하도 기다리기가 지루해서 그런 말을 하게까지 된 것이 아닐까?'

하니, 두 사람을 만나게 한 운명을 저주하고도 싶었다.

'왜 곧잘 참아 오던 내가, 내 발로 걸어서 한곡리를 찾았고, 달 밝은 그 날 밤 바닷가에서 경솔히 마음을 허락했던가. 일평생의 고락을 같이할 맹세까지 했던가?'

하고 그 때의 기분이 너무나 로맨틱하였던* 것을 몇 번이나 후회하였다.

'아아, 그러나 나는 그이를 지극히 사랑한다. 그이를 사랑하게 된 뒤로부터 나는 하나님께 대한 신앙심까지 엷어졌다. 지금의 박동혁은 나의 생명이다! 내 맘이 그이를 떠나서는 살 수 없다. 그러나 나는 무슨 일이 있든지 어떠한 고통을 당하든지 이 세상에 다만 한 사람인

---

* 로맨틱하다 낭만적이다.

그이의 행복을 위해서 참는 도리밖에 없다. 자아를 희생할 줄 모르는 곳에, 진정한 사랑이 없다. 사업을 위해서 이미 희생이 된 이 몸을 사랑하는 사람의 장래를 위해서, 두 번째 희생으로 바치자! 이것이 참되고 거룩한 사랑의 길이다!'

하고 영신은 두 번 세 번 제 마음을 다질렀다.

'이번에 만나는 때에는 단연히 약혼을 해소하자고 제의를 하리라. 의론을 할 것이 아니라, 이 편에서 딱 무질러 버리고 말리라.'

하고 단단히 결심을 하였다.

그러나 저의 건강으로 말미암아, 이런 결심까지 하게 된 것이 슬펐다. 그다지 사랑하던 남자를 놓칠 생각을 하니 분하기도 하였다. 동혁의 넓은 품 안에, 그 아귀힘 센 팔에, 채영신이가 아닌 다른 여자가 안길 것을 상상만 해 보아도, 이제까지 느끼지 못하던 질투의 불길이 치밀어 얼굴이 화끈하고 다는 것이야 어찌하랴.

'시기를 하거나 질투를 하는 것은 가장 야비하고 천박한 감정이다.'

하고 제 마음을 꾸짖어도 본다. 그러나 꾸지람을 듣는 것쯤으로 그 분이 꺼질까 싶지가 않다.

기숙사의 밤이 깊어 가는 대로 영신의 고민도 더욱 깊어 가고, 마음이 괴로울수록 안절부절못하는 육신도 어느 한 군데 괴롭지 않은 데가 없었다.

……영신이가 떠나는 날 아침, 넓다란 학교 마당에 전송하여 주는 사람은 사감과 한 방에 있던 학생 두엇뿐이었다. 몇 달 동안을 숙식을 같이 하던 여자는, 매우 섭섭한 표정을 지으면서 현관까지 따라 나와,

"사요나라, 오다이지니(잘 가요, 몸조심하셔요.)."

하고 굽실해 보이고는 게다짝을 달각거리며 뒤도 안 돌아보고 들어가 버린다. 제 방에서 환자를 내보내는 것이 시원섭섭한 눈치다.

오래간만에 조선 옷으로 갈아 입고, 고리짝 하나를 인력거 앞에다 놓

고 정거장으로 나오는 영신의 행색은 초라하였다. 그는 인력거 위에서 흔들리며,

　'내가 지금 어디로 가는 셈인가?'

하고 번화한 시가지를 둘러보았다. 돈 있는 집 딸들이 음악 학교 같은 것을 졸업하고 그야말로 금의로 환향하는 광경을 상상해 보고는,

　'내가 얻어 가지고 가는 것은 병뿐이로구나!'

하고 어이없는 웃음을 웃었다.

　그러나 청석골서 정이 든 여러 사람이 마중을 나오고 그 귀여운 아이들이,

　'선생님, 선생님!'

하고 달려들 생각을 하니 어찌나 기쁜지 몰랐다. 미리부터 가슴이 설레서,

　'비행기라도 타고, 어서 갔으면.'

하고 기차를 탄 뒤에도 마음이 여간 조급하지 않았다. 그러면서도,

　'혹시나 동혁 씨가 나와서, 나를 번쩍 안고 차에서 내려놓아 주지나
　　않을까.'

하였다. 그것이 공상이 되지 말기를 빌었다.

　자동차 정류장에는 청석골의 주민들이 남녀 노소 할 것 없이 마중을 나왔다.

　"아이고, 웬 사람들이 저렇게 모여 섰나? 장날 같으이."

하고 영신은 차창 밖을 내다보았다. 저의 전보를 보고, 그렇게 많이들 나왔을 줄은 몰랐다. 멀리 언덕 위에 우뚝 솟은 학원 집의 유리창이 석양을 눈이 부시게 반사하는 것을 볼 때, 영신은,

　"오, 오, 저 집!"

하고 저절로 부르짖어졌다. 죽을 고생을 해 가며 지은 그 집이 맨 먼저 주인을 반겨 주는 것 같았다.

자동차가 정거를 하기 전부터 아이들은 어느 틈에 보았는지,

"선생님!"

"선생님!"

하고 손을 내저으면서 엎드러지며 곱드러지며* 앞을 다투어 쫓아온다.

"금분아!"

"옥례야!"

영신도 차창으로 머리를 내밀며 외치듯이 아이들의 이름을 불렀다. 영신이가 내리기가 무섭게 백여 명이나 되는 남녀 학생은 벌떼처럼 선생의 전후 좌우로 달려들었다.

"채 선생님 오셨다!"

"우리 선생님 오셨다!"

계집애들은 동요를 부르듯 하면서 영신의 손에 소매에, 치맛자락에 매어달려서 까치처럼 깡충깡충 뛴다. 영신은 눈물이 글썽글썽해 가지고, 그 꿈에도 잊지 못하던 아이들을 한 아름씩 끌어안고,

"잘들 있었니? 선생님 보구 싶었지?"

하고 이마와 뺨에 입을 맞추어 주었다.

청년들과 낫살이나 먹은 남자들은,

"안녕히 다녀오셨습니까?"

하고 모자나 수건을 벗고 허리를 굽히는데, 원재 어머니는 영신의 두 손을 쥐고,

"병이 더치셨다는구려?"

하고는 목이 메어서 말을 눈물로 삼킨다.

부인 친목계의 회원도 대여섯 사람이나 나왔는데 모두,

'떠날 때보다도 더 못해 왔구나.'

---

* **곱드러지다** 남에게 걸어채이거나 무엇에 걸려 넘어지다.

하는 듯이, 무한히 가엾어 하는 표정으로 영신의 수척한 얼굴과 다리를 절름거리는 모양을 바라보며 따라온다.

영신은 원재 어머니의 어깨를 짚고, 무거운 다리를 질질 끌며 맨 먼저 학원으로 올라갔다.

"바로 집으로 갑시다."

하는 것을,

"우리 집부터 가 봐야지요."

하고 간신히 올라가서는 안팎을 한 바퀴 둘러보았다.

그 동안에 집은 매우 찌들어 보였다. 걸상과 책상이 정돈이 되지 못하고, 벽에는 여기저기 낙서한 것을 그대로 내버려 두었는데, 제가 연설을 하다가 쓰러진 강단 맞은편 쪽에 정성을 다해서 소나무와 학을 수놓아 걸은 수틀이 삐딱하게 넘어간 채, 먼지가 켜켜로 앉도록 내버려 두었다.

'이걸 어쩌면 이대로 내버려들 뒀을까?'

하고 영신은 원재더러 발판을 가져 오래서 손수 바로잡아 놓고, 먼지를 털고 내려오다가 하마터면 넘어질 뻔하였다.

아이들은 저희들의 선생님을 다시는 놓치지 않으려는 듯이, 열 겹 스무 겹 에워싸고 원재네 집으로 내려왔다. 금분이는 반가움에 겨워 자꾸만 저고리 고름으로 눈두덩을 비비며 훌쩍훌쩍 울면서 영신의 손을 땀이 나도록 꼭 쥐고 따라다닌다.

영신이가 쓰던 방은 전처럼 깨끗이 치워 놓았다.

"아아, 여기가 내 안식처다!"

하고 영신은 불을 뜨뜻이 때놓은 아랫목에 가 턱 쓰러졌다. 다다미방에서 다리도 못 뻗고 자던 것이 아득한 옛날인 듯, 여러 날 기차와 기선에서 시달린 피곤이 함께 닥쳐와서 몸은 꼼짝도 할 수 없다. 아이들은 방에까지 따라들어와서 빽빽하게 콩나물을 길러 놓은 것 같다. 부모의 사랑을 모르고 자라난 천애의 고아들이 뜻밖에 자애 깊은 어머니를 만난 것처럼 영신의 곁을 떠나려고 들지 않는다.

영신은 하관*서 사 가지고 온 바나나 뭉치를 끌러 달라고 해서, 세 토막 네 토막에 잘라, 아이들의 입맛만 다시게 하였다. 기차삯만 빠듯이 와서, 벤토도 변변히 사 먹지 못하고 오면서도 빈손을 내밀 수가 없어 주머니를 털어서 사 가지고 온 것이었다.

원재 어머니는 저녁상을 들고 들어오며,

"너희들도 이젠 고만 가서 저녁들 먹어라."

하고 아이들을 내보냈다.

통배추 김치에 된장찌개를 보니 영신은 눈이 번해져서 저도 모르는 겨를에 일어나 앉았다. 보기만 해도 입에 침이 고여서, 기숙사 식당에 허구한 날 놓이는 미소시루*와 다쿠앙* 쪽을 생각하였다. 영신은 이야기도 못하고, 장 위에 밴 고향의 음식을 걸터듬해서* 먹었다.

영신은 마음을 턱 놓고, 뜨뜻한 방에서 오래간만에 잠을 잘 자서 이튿날은 정신이 매우 쇄락하였다*. 다리가 부은 것도 조금 내려서 걷기가 한결 나은 것 같아 예배당으로 올라가서는 감사한 기도를 올리고 내려왔다. 동시에, 동혁이가 하루바삐 무사하게 나오기를 축원하고 내려오는 길로 한곡리 농우회원들에게,

나는 그 동안 귀국해서 무사히 있으니, 동혁 씨의 소식을 아는 대로 즉시 전해 달라.

＊ 하관(下關)　시모노세키. 일본의 항구 도시.
＊ 미소시루　일본식 된장국.
＊ 다쿠앙　일본식 단무지.
＊ 걸터듬하다　이것저것 닥치는 대로 더듬어 찾다.
＊ 쇄락(灑落)하다　마음이 상쾌하고 시원하다.

고 편지를 써 부쳤다. 당자는 동혁의 생각을 잊으려고 애를 쓰건만, 원재 어머니가,

"아이고, 그이가 얼마나 고생을 할까요? 그렇게도 지궁스레 간호를 해 주더니, 내가 가끔 생각이 날 적에야."

하고 자꾸만 일깨워서,

"나오는 날 나오겠죠. 인전 그이 말을랑 우리 하지 맙시다요."

하고 동혁의 말은 비치지도 못하게 하였다.

겨우 한 사나흘 동안 쉰 뒤에 영신은 전과 같이 학원의 일을 보고 주학은 물론 야학까지도 겸해서 교편을 잡았다. 그 동안 청년들에게만 맡기고 내버려 두고서, 저희들은 힘껏 일을 보느라고 하건만 지도자를 잃은 그들은 제멋대로 가르쳐서 조금도 통일이 되지 않는다. 생기는 것이 없는 일인데다가, 그도 하루 이틀이 아니어서 싫증이 나고 고만 귀찮은 생각도 들어 그럭저럭 시간만 채우고 달아날 궁리를 하는 청년이 없지 않았다.

'이래선 안 되겠다. 내가 또 본보기를 보여야만 다들 따라온다.'

하고 최대 한도의 용기를 내었다. 제가 입원한 동안에 기부금이 다 걷혀서 학원을 지은 빚만은 요행으로 다 갚았으나 집만 엄부렁하게 컸지, 인제는 그 집을 유지해 나갈 경비가 없다. 등 뒤에 무슨 재단이 있는 것도 아닌데, 월사금 한 푼 안 받으니, 수입은 없고 지출뿐이다. 심지어 분필이 떨어지고, 큰 남포를 서너 개나 켜는 석유를 대지 못해서 쩔쩔매는 형편이라, 신병이 있다고 가만히 보고만 앉았을 수가 없었다.

조금만 오래 섰으면 다리가 무겁고, 신경이 마비가 되어 오금이 들러붙는 것처럼 떼어 놓을 수가 없는데 학원과 예배당으로 오르내리는 데도 숨이 차고 가슴이 답답해서 그 자리에 넘어질 것 같건만,

"난 기왕 청석골의 백골이 되려고 결심한 사람이다. 다시 쓰러지는 날, 그 때 그 시각까지는 손끝 맺고* 앉았을 수가 없다."

하고 학부형들이나 원재 모자가 지성으로 말리는 것도 듣지 않고,

"난 우리 청석골을 위해서 생긴 사람이야요. 내가 타고난 의무를 다하
다가 죽으면 고만이지요. 되레 내 몸에 넘치는 기쁨으로 알고 있어요."

하고 눈시울에 잔주름살을 잡아 가며 웃어 보였다. 한편으로는 동혁이가
죄없이 감옥에서 저보다 몇 곱절이나 되는 고생을 하는 생각을 할 때,

"오냐, 내 맥박이 그칠 때까지!"

하고 오직 일을 하는 것이, 차입 하나 못 해 주는 사랑하는 사람에 대해
서 정신적으로나마 어떠한 선물을 보내 주는 것 같기도 하였던 것이다.

약은 얻어먹을 생각도 못 하고, 또 각기증에는 특효약도 없다지만,
의사의 권고대로 현미에다가 보리를 많이 섞어 먹어도, 병이 나아가기
는커녕 증세가 점점 더 악화가 되어 갈 뿐이다. 다리가 붓고 무릎이 쑤
시기는 했어도 그다지 아픈 줄을 몰랐더니 줄곧 그 다리를 놀려 두지를
않아서 그런지 띵띵해진 종아리는 건드리기만 해도 펄쩍 뛰도록 아프
다. 밤에는 고통이 더 심해서 뜬눈으로 밝히는 날까지 있으면서도, 그
는 이를 악물고 하루도 빼놓지 않고 교단에 서기를 거의 한 달 동안이
나 하였다.

그 동안 하나 둘 흩어져 있던 아이들은 영신이가 돌아온 뒤에 신입생
이 열씩 스물씩 부쩍부쩍 늘었다. 때마침 농한기라, 어른들은 물론 오
십도 넘는 노파가 손녀의 손을 잡고 와서는,

"죽기 전에 글눈이나 떠 보게 해 주시유."

하고 진물진물한 눈으로 칠판을 쳐다보고,

"가 —— 갸 —— 거 —— 겨 ——."

하고 따라 읽는 것을 볼 때, 영신은 감격에 가슴이 벅찼다.

＊손끝 맺다 할 일이 있으면서도 아무 일도 안 하고 있다.

'내가 오기 전에는 이 동네 사람이 거의 구 할 가량이나 문맹이던 것이, 이제는 글자를 알아보는 사람이 칠 할 가량이나 된다. 오십 이상 늙은이와 젖먹이를 빼놓으면, 거의 다 눈을 떼어 준 셈이다. 더구나 부인 친목계를 중심으로 부인네들이 깬 것과 생활이 향상된 것은 놀라울 만하지 않느냐.'

하고 자못 만족한 웃음을 지었다. 그럴수록 사업에 대한 애착심은 고향을 떠나 보기 전보다 몇 곱이나 더해져서 육신의 고통을 참아 나가는 힘을 얻었다.

한두 가지도 아닌 병마에 사로잡혀, 거의 위중한 상태에 빠진 영신으로서는 사실 기적과 같은 힘이었다. 그러다가 하루 아침은 천만 뜻밖에 동혁의 편지가 왔다.

동경 역에서 못 받아 보려니 하면서도, ×× 형무소*로 부친 엽서를 본 답장인 듯 모필로 쓴 필적이며 계호 주임의 도장이 찍혀 나온 것이 분명히 동혁에게서 온 것이다.

영신은 손보다도 가슴이 떨리는 것을 진정하고, 바늘 구멍처럼 뚫어 놓은 봉함 엽서의 가장자리를 쭉 뜯었다.

이제야 취조가 일단락이 져서, 편지를 할 수 있게 되었소이다. 청석골로 다시 돌아오신다는 엽서도 어제야 받고, 그 병이 재발이나 되지 않았는지 매우 놀랐습니다. 긴 말을 쓸 수 없으나, 오직 건강에 각별히 주의해 주십시오. 또다시 억지를 쓰고 일을 하실 것만이 염려외다. 나는 아직 수신 대학 본과에는 입학할

＊ 형무소(刑務所) '교도소'를 이전에 이르던 말.

옛 서대문 형무소

자격을 얻지 못하였으나, 예과에서도 보통 사람으로는 도저히 상상도 할 수 없는 공부를 하고 있는 것을 다행으로 여깁니다. '수양하고 반성하고 싶은 자는 다 이리 오라.' 하고 외치고 싶소이다. 몸은 여전한데 하루 세 끼 조막덩이만한 콩밥이, 겨우 간에 기별만 해서 소화불량에 걸리지 않은 것만이 불평이외다. 나는 좀더 묵고 싶지만 아마 여관 주인이 불원간 내쫓을 것 같은데, 나가는 대로 먼저 그리로 가겠으니, 부디 혈색 좋은 얼굴을 보여 주십시오.

영신은 몇 번이나 몇 번이나 먹이 입술에 묻도록 편지에 키스를 하였다. 그러고는,

"혈색 좋은 얼굴! 혈색 좋은 얼굴?"

하고 혼자말을 하며 조그만 손거울을 꺼내서 제 얼굴을 들여다보다가는 그 거울을 동댕이쳤다. 거울은 문지방에 가 부딪치며 두 쪽에 짝 갈라졌다. 영신은 가슴이 선뜩해서,

'아이, 왜 저걸 내던졌던가.'

하고 금방 후회를 하고 거울을 집어들었다. 그러나 아무리 탄식을 한들, 깨진 유리쪽을 두 번 다시 붙여 보는 재주는 없었다. 학원 마당에서 종소리가 들린다. 철모르는 아이들의 한 떼가 몰려와서,

"선생님, 어서 가세요, 어서요, 어서."

하고 영신을 일으켜 세우고 잡아당기며 떠다밀며 학원으로 올라갔다.

그 날은 웬일인지 마음이 내키지 않는 것을 그는 억지로 끄둘려 가서 새 과정을 가르치지 않고 복습을 시켰다. 계집애들은 채 선생이 아니면 배우지를 않기 때문에 두 반씩이나 맡아 가르칠 수밖에 없어, 왔다갔다 하며 복습을 시키는 데는 더구나 힘에 부쳤다. 그러나,

'그 속에서 그 지독한 고생을 달게 받는 이도 있는데……'

하고 기를 쓰며 눕지를 않으려고 앙버텼다.

'그이가 나오면 이 얼굴, 이 몸뚱이를 어떻게 보이나.'

하고 이번에는 교실 유리창에 수척한 자태를 비추어 보다가,

'오지 말았으면, 차라리 영영 만나지나 말았으면……'

하고 제 꼴이 제 눈으로도 보기가 싫어, 발꿈치를 돌리기를 몇 번이나 하였다.

'그렇지만 혈색 좋은 얼굴을 보여 주진 못 하더라도 앓아 누운 꼴이
나 보여 주지 말리라.'

하고 아침에 종소리만 들리면 입술을 깨물며 문고리를 붙잡고 일어났다. 그러다가 어느 날 밤에는 학부형회에 참여를 하고 늦도록 학원의 유지 방침을 의론하다가 별안간 심장의 고동이 뚝 그치는 것 같아서 원재에게 업혀 내려왔다.

내려와서는 턱 쓰러지며 고만 정신을 잃었다.

천사의 임종

이튿날 저녁때에야 공의*의 진찰을 받게 되었을 때, 영신은 혼수 상태에 빠져 있었다. 눈은 정기없이 뜨고도 사람을 알아보지 못하는데 숨을 가쁘게 몰아쉬는 소리만 높았다 낮았다 할 뿐…….

영신의 선성*을 들은 공의는 원재 어머니만 남겨 놓고 방 안에 그득히 찬 사람을 다 내보낸 뒤에, 거의 한 시간 동안이나 정성껏 신체의 각 부분을 진찰해 본다.

그는 환자에게서 손을 떼고 한참이나 눈을 딱 감고 앉아서 머리를 외로 꼬고 바로 꼬고 하다가, 청진기를 집어 넣고는 잠자코 일어서 밖으로 나간다.

----

* 공의(公醫) 관청에서 일정 구역마다 배치한 의사.
* 선성(先聲) 전부터 알려진 명성.

"어떻습니까? 대단하죠?"

원재 어머니는 조급히 물었다. 공의는 알코올 솜으로 손을 닦으며,

"대단 섭섭한 말씀이지만……."

하고 주저주저하다가,

"내 진찰이 틀리지 않는다면 며칠을 못 넘길 것 같소이다."

하고 고개를 떨어뜨린다.

"네? 그게 무슨 말씀입니까?"

여러 사람의 눈은 동시에 둥그레졌다. 원재 어머니의 눈에는 벌써 눈물이 괴었다.

"각기가 심장까지 침범한 것만 해도 위중한데, 원체 수술을 완전히 하지 못한 맹장염이 재발이 됐습니다. 염증이 대단하니 어디다가 손을 대야 할지 모르겠는데요."

하고 입맛을 쩍쩍 다시다가,

"왜 좀더 일찌감치 서두르지를 못했나요?"

하고 눈살을 찌푸리며, 알코올 솜을 튀겨 던진다.

"누가 이럴 줄 알았나요? 엊저녁까지 기동을 했었으니까……. 어떻게 다시 수술이라도 해 봐 주실 수 없을까요?"

학부형 중에서 한 사람이 나서며 물었다. 공의는,

"지금은 수술도 못 해요. 몸 전체가 몹시 허약하니까요."

하고는 가방을 들고 일어서며,

"그래도 혹시 천행이나 바라려거든, 큰 병원으로 데리고 가 보시지요."

하고 마당으로 나간다. 원재 모자는 버선발로 쫓아 나가서 공의의 소매를 붙잡으며,

"아이구, 이를 어쩌나. 참 정말 아무 도리가 없습니까? 네, 네?"

"우리 선생님을 살려 줍쇼! 어떻게든지 살려 주고 가세요!"

하며 엎드려서, 말 반 울음 반으로 애원을 한다.

"주사나 한 대 놔 드리지요."

공의도 한숨을 쉬며 다시 들어가 캠플 한 대를 놓고 나왔다.

의사에게 죽음의 선고를 받은 줄도 모르는 영신은 주사 기운에 조금 의식을 회복하였다.

"원재 어머니!"

손을 공중으로 내저으며 부르는 목소리는 모기 소리처럼 가늘다. 원재 어머니는 앓는 사람에게 눈물을 보이지 않으려고 한참이나 지게문* 밖에 돌아서서 눈두덩을 비비다가 들어갔다.

"의사가 뭐래요?"

진찰을 받을 때는 몰랐다가 주사침이 따끔하고 살을 찌를 적에야 의사가 온 줄을 알았던 모양이다.

"……."

"뭐라고 그래요?"

영신은 재우쳐 묻는다.

"……."

그래도 원재 어머니는 대답이 목구멍에서 나오지를 않았다.

"살지 못하겠다죠?"

영신은 입가에 미소를 띠며 목젖만 껄떡거리고 섰는 사람의 눈치를 살핀다.

"수술을 하면 낫는다고……그리고 갔어요."

그 말에 영신은 베개 너머로 머리를 떨어뜨리며,

"아이구! 또 수술……."

하고 오장이 썩는 듯한 한숨을 내쉰다.

＊지게문 마루에서 방으로 드나드는 곳에 안팎을 두꺼운 종이로 바른 외짝문.

장로와 다른 교인들이 들어와 병원으로 가기를 번차례로 권하였다.
그러나 영신은,

　"싫어요 싫어. 난 청석골서 죽고 싶어요!"

하고 맥이 풀린 손을 내저으며 머리를 흔들었다.

　병세는 시시각각으로 더해 가는 편이건만 영신은 어머니에게도 편지
를 못 하게 하였다.

　고통이 조금 덜해서 정신만 들면, 유리틀에 끼어서 책상머리에 모셔
놓은 어머니의 사진을 내려 달래서 멀거니 들여다보다가 눈물을 지으
면서도 곁의 사람이,

　"오시든 못 오시든 사람의 도리가 그렇지 않으니 전보나 한 장 칩시
　　다."

하고, 저다지도 그리운 어머니를 마지막 뵙지 못하면 눈이 감기겠느냐
는 뜻을 비치건만, 영신은,

　"우리 어머니한테, 마지막 가는 효도는……."

하고 한숨을 섞어,

　"내 이 꼴을 뵈어 드리지 않는 거야요!"

하고 제발 기별을 하지 말아 달라고, 두 번 세 번 간청을 하였다. 영신
의 고집을 아는 원재 어머니는,

　"그럼 서울로나 편지를 합시다요."

하여도,

　"내 병을 고쳐 줄 사람은 아무도 없어."

하고 머리를 흔들다가,

　"하나님이 나를 설마……."

하고 다시 살아날 자신이 있는 듯이, 가냘픈 미소를 띠어 보인다.

　그러다가도 반듯이 누워 가슴 위에 합장을 하고, 허옇게 바랜 입술을

떨면서,

"주여! 나를 버리시나이까? 오오 주여! 나를 버리시나이까?"

하고 연거푸 부른다. 그것은 예수가 십자가에 못박히며 최후로 부르짖은 말이었다.

등잔불에 어룽지는 천장을 쳐다보는 그의 눈동자에는, 원한과 절망과 참을 수 없는 슬픈 빛이 어렸다.

닥쳐오는 죽음을 짐작하면서도, 인력으로 어길 수 없는 가장 엄숙한 사실인 줄 번연히 알면서도, 그 사실을 억지로 부인하려는 마음! 끝까지 신앙심을 잃지 않고, 그 대상자를 원망하지 않으면서도 이적*이라도 나타내어 주기를 안타까이 기다리는 그 심정…….

창 밖에서는 아이들이 추운 줄도 모르고 열 겹 스무 겹 선생의 방을 둘러싸고 땅바닥에 가 쪼그리고 앉아서 흐느껴 운다. 그 소리가 방 안에까지 들려 영신은 베개에서 조금 머리를 들며,

"저게 무슨 소리요?"

하고 묻는다.

"…… 아마 바람 소린가 봐요."

원재 어머니의 목소리는 문풍지와 함께 떨렸다. 영신이가 평시에 가장 귀여워하고 불쌍히 여기던 금분이는 이틀째나 밥을 안 먹고 잠도 안 자고, 선생의 머리맡을 떠나지 않으며 시중을 든다. 가뜩이나 헐벗고 얻어먹지 못해서 파리한 몸이 기신없이 쓰러졌다가도 바스락 소리만 나면, 발딱 일어나,

"선생님 왜 그러시유?"

하고 영신의 얼굴을 들여다본다. 앓는 사람과 간호하는 사람들이 나가 있으라고만 하면,

---

* 이적(異蹟) 기이한 행적.

"난 싫어, 난 싫어. 왜 날더러만 나가래."

하고 발버둥을 치며 통곡을 내놓아서, 하는 수없이 내버려 두었다.

한편으로 교인들은 예배당에 모여서 밤늦도록 기도를 올린다.

"저희들을 창조하시고 길러 주시는 아버지시여! 당신이 모처럼 이 땅에 내려 보내신 귀한 따님을 왜 어느 새 부르려 하십니까? 이것이 과연 당신의 뜻이오니까? 그 누이는 이 곳에 와서, 무식한 저희들을 위해 뼈가 깎이도록 일을 했습니다. 육신의 고통으로 말미암아 넘어지는 그 시각까지 불쌍한 조선의 자녀들을 위해서 걱정했습니다. 자기의 손으로 지은 학원 하나를 붙잡으려고, 온갖 고생을 참아 왔습니다. 주여! 그는 청춘입니다. 열매도 맺어 보지 못한 순결한 처녀입니다. 인생의 기쁨도 즐거움도 맛보지 못하고, 다만 당신 한 분을 의지하고 동족을 사랑함으로써 그 귀중한 몸을 바쳤습니다. 주여! 오오, 사랑이 충만하신 주여! 그에게 생명수를 뿌려 주소서! 저희들의 천사인 채영신 누이를 언제까지나 언제까지나 우리 청석골에서 떠나지 않도록 붙들어 주시옵소서!"

'아멘'을 부르는 남녀 교인의 목소리는 일제히 울음으로 변하였다.

학부형들은 사십 리, 오십 리 밖까지 가서 고명하시다는 한의사를 데리고 왔다. 칠십도 넘어 보이는 노인을 가마에 태워 가지고 온 성의에 감동이 되어서 영신은,

'저 늙은이가 뭘 알꼬.'

하면서도 맥을 짚어 보라고 팔을 내밀었다. 그들이 집중하는 것은 다 각각이나, 화타* 편작*이가 와도 오늘 밤을 넘기지 못하리라는 데는 의견이 일치하였다.

＊ 화타(華陀) 중국 후한 때의 명의.
＊ 편작(扁鵲) 중국 전국 시대의 명의.

그래도 학부형들은 화제*를 내달라고 부득부득 졸라서, 또다시 장거리로 약을 지으러 가는 것이었다.

오늘은 초저녁부터 영신의 숨소리가 더 거칠어졌다. 목구멍에서 가래가 끓는 소리까지 그르렁그르렁한다. 아랫도리는 여전히 감각을 잃고 있기 때문에 고통을 몰라도, 가슴이 답답해서 몹시 괴로워한다. 병마가 사방으로부터 심장을 향하고 몰려들기를 시작한 모양이다.

그러나 이상스럽게도 영신의 정신만은 그 말과 함께 똑똑하다.

"자꾸 울지들 말아요. 나도 안 우는데……."

하고 간호하는 부인네들을 둘러보기도 하고,

"너희들은 어서 가 공부해. 응 어서!"

하고 상학 시간이 되면 저의 주위로 모여드는 아이들을 학원으로 올라가라고 손짓을 하였다. 그는 자기가 누운 동안 하루도 주야학을 쉬지 못하게 하였다.

창 밖은 별빛조차 무색한 그믐밤이다. 앞뜰과 뒷동산의 앙상한 삭정이를 휩쓰는 바람 소리만 파도 소리처럼 쏴아쏴아 하고 지나간다. 떨어지다 남은 바싹 마른 오동잎사귀가, 창 밖 툇마루에 버스럭 하고 떨어지는 소리에 영신은 고이 감았던 눈을 떴다. 사람의 발자국 소리로 들렸는지,

"문 열어요. 동혁 씨 왔나 봐……."

하고 잠꼬대하듯 헛소리를 하며 뒤꼍으로 통한 문으로 고개를 돌린다. 벌써 그 눈동자에는 안개가 뽀얗게 낀 것처럼 정기가 없다.

"아이 그저 안 오네!"

영신은 한숨과 함께 원재 어머니 편으로 머리를 돌렸다. 무슨 생각이 번개같이 나는 듯,

---

* 화제(和劑) 약방문. 처방전.

"저어기, 저것 좀……."

이번에는 머리맡에 놓인 책상 서랍을 입으로 가리킨다.

"어머니 사진요?"

원재 어머니는 책상 앞으로 갔다.

"아아니, 그이 편지……."

동혁의 편지를 받아들던 영신은 감옥에서 나온 봉함 엽서의 획이 굵다란 먹글씨를 희미한 불빛에 내려보고 치보고 한다.

동혁이와 처음 만났던 때부터 경찰서에서 면회를 하던 때까지의 추억의 가지가지가 환등처럼 흐릿하게나마 주마등과 같이 눈앞을 지나가는 모양이다. 그는 조심스럽게 편지에 입을 맞추고 나서, 어눌하나마 목소리를 높여,

"동혁 씨, 난 먼저 가요. 한곡리하고 합병도 못 해 보고……. 그렇지만 난 행복해요. 등 뒤가 든든해요. 깨끗한 당신의 사랑만은 영원히 변하지를 않을 테니까요. 그리고 끝까지 꿋꿋하게 싸우며 나가실 걸 믿으니까요……."

하고 나서, 숨을 가쁘게 들이쉬고 나더니,

"동혁 씨, 조금도 슬퍼하진 마세요. 당신 같으신 남자는 어떤 경우에든지 남에게 눈물을 보여선 못씁니다!"

하고는 몹시 흥분해서 헐떡이다가, 원재 어머니를 보고,

"그이가 오거든요, 지금 한 말이나 전해 주세요. 뭐랬는지 들었죠?"

하고 당부를 한다. 붓을 들 기력도 없는 그는, 말로나마 사랑하는 사람에게 몇 마디를 남긴 것이다. 그리고는 가늘게 떨리는 손으로 앙가슴을 헤치더니 그 편지를 속옷 속에 꼭 품고 저고리 앞섶을 여민다. 이제까지 그들은 사진 한 장 바꾸어 가진 것이 없었다.

새로 두 시―― 세 시――.

간병하던 사람은 여러 날 눈도 붙여 보지 못해서 꼬박꼬박 졸고 앉았

고, 그다지 떨어지지 않으려던 금분이마저 기진맥진해서, 선생의 발치에 쓰러진 채 잠이 깊이 들었다.

태고의 삼림 속과 같이 적막한 방 안에 홀로 깨어 있는 것은 영신의 영혼뿐. 지새려는 봄날 한곡리 앞바다에 뜬 새우잡이 배의 등불처럼 의식이 깜박깜박하면서도, 악박골 약물터 우거진 숲 속의 반딧불과 같이 반짝하다가 꺼지려는 저의 일생을 혼몽 중에 추억의 날개로 더듬어 보는 듯,

'꼬끼오――.'

건넛마을에서 졸린 듯한 닭 우는 소리가 들렸다. 뒤를 이어 안마당에서도 홰를 치며 우는 소리가 들린다.

그 소리에 영신은 반쯤 눈을 뜨더니, 가까스로 손에 힘을 주어, 원재 어머니의 치맛자락을 잡아당긴다.

"워 원재를 좀……."

원재는 눈을 비비며 황급히 들어왔다. 안방에 모였던 다른 청년들도 원재의 뒤를 따라 들어왔다. 남편의 임종을 한 경험이 있는 원재 어머니는, 이웃집에서 숯불을 피워 놓고 약을 달이다가, 이 구석 저 구석에 쓰러진 부인 친목계의 회원들까지 깨워 가지고 와서 방 안은 그들로 가득 찼다.

청년들은 영신의 머리맡에 둘러앉았다. 여러 사람은 숨소리를 죽여 방 안은 무덤 속같이 고요한데, 영신은 할딱할딱 숨을 몰아쉬다가 원재의 손을 잡고 나머지 힘을 다 주며,

"원재, 내가 가더래두…… 우리 학원은 계속해요! 응, 청년들끼리……."

하고 여러 청년의 수심이 가득 찬 얼굴을 둘러보며 마지막 부탁을 한다.

원재는 무릎을 꿇고 다가앉아, 두 손으로 식어 가는 영신의 손을 힘

껏 쥐며,

"선생님, 왜 그런 말씀을 하세요? 네 선생님!"

하고, 목이 멨다가,

"염려 마세요! 저희들이 무슨 짓을 해서든지, 학원을 붙잡을게요. 죽
는 날까지 해 나갈게요!"

하고 굳은 결심을 보였다. 여러 해 동안이나 영신에게 지성껏 지도를
받아 온 청년들의 눈에서는 굵다란 눈물 방울이 뚜욱뚜욱 떨어진다.

"울지들 마라. 못난 사람이나 울지."

그 목소리는 간신히 알아들을 만해도, 아우를 달래는 친누이의 말처
럼 정답고 은근하다. 영신은 치맛자락으로 얼굴을 가리고 소리를 죽이
는 부인네들을 보고,

"청석골 여러 형젤 두고…… 내가 어떻게 가우?"

하다가 그저 잠이 깊이 든 금분이를 가까이 안아다 눕히게 한 뒤에, 발
발 떨리는 손끝으로 앞머리를 쓰다듬어 주며,

"이것들을 어떡허나?"

하고 가늘게 흐느낀다.

"걱정 마슈. 애 하난 내가 맡아 기를게."

울음 반죽인 원재 어머니의 말에 영신은 고맙다는 듯이 머리를 끄덕
이다가 다시금 깜박하고 정신을 잃었다. 호흡은 점점 가빠 가는데, 맥
을 짚어 보니 뚝뚝 하고 절맥이 된다.

그렇건만 영신은,

"끄응!"

하고 안간힘을 쓰며, 턱 밑까지 닥쳐온 죽음을 한 걸음 물리쳤다.

"나 나……."

하고 혀끝을 굴리지 못하다가,

"학원 집이 뵈는 데다…… 무 묻어……."

하는데, 이제는 말이 입 밖을 새지 못한다. 입에다 귀를 대고 듣던 원재 어머니는 커다랗게 고개를 끄덕여 보였다.

영신은 또다시 기함을 했다가, 그래도 무엇이 미진한 듯이 헛손질을 하는데, 벽에 걸린 손풍금을 가리키는 것 같다. 원재는 냉큼 일어나 그 것을 떼어 들었다. 그는 일상 영신의 것을 장난해 보아서 곧잘 뜯을 줄 안다.

"찬미 하나 할까요?"

"……."

영신은 고개를 뵈는 듯 마는 듯 끄덕여 보인다. 원재는 눈을 감고 생 각하다가,

날빛보다 더 밝은 천당
믿는 것으로 멀리 뵈네.
있을 곳 예비하신 구주
우리들을 기다리시네.

를 고요히 뜯기 시작하는데, 영신은 그것이 아니라는 듯이 머리를 흔든 다. 원재가 손을 멈추고,

"그럼 무슨 곡조를 할까요?"

하고 귀를 기울이니까, 영신은,

"사 사 삼천 리……."

하고 자유를 잃은 입을 마지막으로 힘껏 움직인다.

손풍금 소리와 함께 청년들은 입술로 눈물을 빨다가 일제히 목소리 를 내었다.

……(찬송가 전문 생략)……

목청을 높여 후렴을 부를 때 영신은 열병 환자처럼 몸을 벌떡 일으켰다. 여러 아이들 앞에서 그 노래를 지휘할 때처럼, 팔을 내젓는 시늉을 하는 듯하다가,

"억!"

소리와 함께 고개를 젖히고는 뒤로 덜컥 넘어졌다.

……기름이 졸아붙은 등잔불이 시름없이 꺼지자 뿌유스름한 아침 햇빛은 동창을 물들이기 시작하였다.

청석골은 온통 슬픈 구름에 싸였다. 학부형과 청년과 학생들은 말할 것도 없거니와 친목계의 회원들은 영신의 수시를 거두고, 수의를 지어 입혀 입관까지 자기네 손으로 하고, 그 관을 둘러싸고 잠시도 떠나지를 않는다.

부모의 상사를 당한 것만큼이나 섧게들 울며 밤낮을 계속하는데, 그 중에도 금분이는 사흘씩이나 절곡을 하고 참새 같은 가슴을 쥐어짜며 울다가, 지금은 선생이 입던 헌 재킷을 끌어안은 채 관머리에 지쳐 늘어졌다.

명복을 비는 기도와 찬미 소리는 만수향의 연기와 같이 끊길 사이가 없고, 수십 리 밖에서까지 일부러 조상을 하러 온 조객들도 적지 않은데, 영신이와 처음 역사를 시작하던 목수는 친누이나 궂긴* 것처럼 제 손으로 세워 놓은 학원의 기둥을 붙안고, 소리를 죽여 울면서,

"내 손으로 관까지 짤 줄을 누가 알았더란 말요?"

하고 여간 원통해 하지를 않았다. 군청과 면사무소에서도 조상을 나왔는데, 영신의 일동일정을 감시하고 말썽을 부리던 주재소 주임까지 나와서 관머리에서 모자를 벗었다.

빈소 방에는 어느 틈에 책상 하나만 남기고 영신이가 쓰던 물건이라

＊궂기다 '죽다'의 존대어.

고는 불한당이 쳐간 듯이 하나도 남지 않았다. 영신의 손때가 묻은 손풍금은 원재가 가져가고, 바람 차고 눈 뿌리는 밤이면 저를 품어 주던 재킷은 금분의 차지인데, 부인들은 요, 이불, 베개, 하다못해 구두, 고무신까지 다투어 가며 짝짝이로 치맛자락에 싸 가지고 갔다. 그만 물건이 탐이 난 것이 아니라,

"우리 선생님 보듯이, 두고두고 볼 테다."

하고 서로 빼앗기까지 한 것이었다.

그러나 장사를 지낼 날짜 때문에 의론이 분분하였다. 고인의 유언대로 '청석 학원'이 마주 내려다보이는 언덕 위에 묏자리를 잡았는데, (공동 묘지의 구역 밖이건만 면소에서 묵인을 해 주었다.) 서울서 급보를 접하고 내려온 백현경은 감옥에 있는 사람이 부고를 받더라도 때맞춰 나올리가 만무라고 하여, 삼일장으로 지내기를 주장하고, 원재 어머니와 회원들은,

"우리 한 이틀만 더 기다려 봅시다. 그래도 어머니나 박씨가 혹시 올지 누가 알아요? 장사지내기가 뭐 그렇게 급해요?"

하고 오일장으로 지내자고 우겼다. 작고한 사람의 친척이나 애인을 기다린다느니보다도, 영신의 시체나마 하루라도 더 자기 집에 두고 싶었던 것이다. 어머니에게는 물론 당일로 전보를 쳤지만 외딸을 그리다 못해서 먼저 자진했는지 회답조차 없었다.

그러자 사흘 되는 날 아침에 뜻밖에도 동혁의 편지가 왔다. 백씨는 수신인이 없는 편지를 황급히 뜯었다.

지금 놓여 나오는 길입니다. 형무소로 부치신 편지는 두 장 다 오늘에야 받아 보았는데, 이번에는 각기로 고생을 하시다가 돌아오셨다니, 참으로 놀랍소이다. 또다시 학원의 일을 보시든지 하였다가는 정말 큰일납니다.

바로 그리로 가려고 했으나, 동화는 멀리 만주로 뛴 듯한데, 어머니가 애절하시던 끝에 병환이 대단하시대서 집으로 직행합니다. 가보아서 조금만 감세가 계시면, 백사를 제치고 갈 터이니, 전처럼 먼 길에 마중은 나오지 마십시오. 흉중에 첩첩이 쌓인 말씀은 반가이 얼굴을 대해서 실컷 하십시다.

×월 ××일 당신의 박동혁

일부인*을 보니 사흘 전의 날짜가 찍혀 있지 않은가.

"아이고 이를 어쩌나. 이리로 바로 왔더면 마지막 대면이나 했을걸."

하고 백씨는 즉시 특사 배달로 한곡리에 전보를 치도록 하였다.

……전보를 받은 동혁은,

"엉? 이게!"

하고 외마디 소리를 질렀다. 심장의 고동이 덜컥 그치고 온몸을 돌던 피가 머리 위로 와짝 거꾸로 흐르는 듯, 아뜩해서 대문 기둥을 짚었다. 하늘은 샛노란데, 그네를 뛰면서 내려다보는 것처럼, 땅바닥이 움폭 꺼졌다 불쑥 솟아올랐다 한다. 억지로 버티고 선 두 다리에 맥이 풀려 앞으로 고꾸라질 것만 같아서 그는 문지방에 가 털썩 주저앉았다.

극도에 이르는 놀라움과 흥분을 억지로 눌러서 가라앉히기는 참으로 힘든 노릇이었다. 돌멩이나 깨무는 것처럼 아래윗니를 악물고 두 번 세 번 전보지를 들여다보는 동혁의 입에서는,

"꿈이다! 거짓말이다!"

하고 다시 한 번 부르짖어졌다.

---

* 일부인(日附印) 편지 봉투에 찍는 날짜 도장.

그 날 저녁 동혁은 거의 실신이 된 사람처럼, 청석골을 향하여 길을 떠났다. 발길을 내딛기는 하면서도 다리는 기계적으로 움직일 뿐이요, 제 정신으로 걷는 것 같지는 않았다. 평소에는 너무 뚝뚝하리만큼 건전하던 동혁의 심리 상태가 이처럼 어지러운 것을 경험하기는 생후 처음이다. 다만 커다란 몸뚱이를 화물처럼 배에다 실리고, 자동차에다 붙였을 따름이었다.

청석골의 산천이 가까워 올 때까지 동혁은 영신의 죽음을 억지로 부인하려고 저의 마음과 다투었다. 기적이 나타나기를 빌고 바라는, 미신 비슷한 생각에 잠겨 보기도 또한 이번이 처음이다.

자동차는 정류장에 와 닿았다. 영신이가 손수건을 흔들며 달려오는 환영이 눈앞을 어른거리다가 원재가 홀로 나와 서서 저를 보고는 머리를 푹 수그리는 현실로 변할 때 혹시나 하고 기적을 바라던 동혁의 공상조차 조각조각 깨졌다.

병원에서 같이 영신을 간호할 때에 정이 든 원재는 동혁에게 손을 잡히자, 말 대신 눈물이 앞을 가렸다. 동혁은 입술을 꽉 깨물고 원재의 뒤를 따라 묵묵히 논틀밭틀을 걸었다. 이제 와서 동혁의 다만 한 가지 소원은, 온 세상에 둘도 없이 사랑하던 사람의 길이길이 잠이 든, 그 얼굴이나마 한 번 보고 싶은 것뿐이었다.

"입관은 했나?"

비로소 동혁의 말문이 열렸다.

"벌써 했어요."

이 한 마디는 그의 마지막 소망까지 끊어 버렸다. 동혁은 커다란 조약돌을 발길로 탁 걷어차고, 하늘을 원망스러이 흘겨보다가 다시 걷는다.

원재는 그제야 띄엄띄엄 울음을 섞어 가며 그 동안의 경과를 이야기한다. 영신이가 운명하기 전에 저의 어머니를 통해서 사랑하던 사람에게 전해 달라던 유언과, 감옥에서 나온 편지를 가슴 속에 품고 갔다는 것이며, 벌써 해가 기울어 가니까, 집에서는 발인을 해서 학원에서 영결식을 할 터이니, 그리로 바로 가자고 한다. 동혁은,

"음, 음."

하고 조금씩 고개를 끄덕여 보이다가, 그 유언을 다시 원재의 입에서 들을 때는, 발을 멈추고 우뚝 서서, 팔짱을 끼고 한참이나 눈을 딱 감고 있었다.

　동혁은 학원 마당에 허옇게 모여 선 조객들의 주목을 받으며, 현관 앞에 세워 놓은,

　우리의 천사 채영신

라고, 흰 글씨로 쓴 붉은 명정 앞까지 와서, 모자를 벗었다. 여러 달 동안 면도도 못해서, 수염과 구레나룻이 시꺼멓게 났고 그 검붉던 얼굴이 누르퉁퉁하게 부어서, 문간만 내다보고 있던 원재 어머니는 동혁을 얼른 알아보지 못하다가,

　"아이고, 인제 오세요?"

하고 나와 반긴다. 그는 입술을 떨면서,

　"채 선생 저기 계셔요!"

하고 교단 위에 검정보를 씌워 가로 놓은, 영구*를 가리킨다. 영결식도 끝이 나서 마지막 기도를 올리느라고 남녀 교인들과 아이들은 관 앞에 엎드려 흐느껴 우는 판이었다.

　동혁은 눈 한 번 끔벅이지 않고, 관을 바라보며 대여섯 간 통이나 걸어온다. 관머리까지 와서는 꺼먼 장방형의 나무 궤짝을 뚫어질 듯이 들여다보는 그의 두 눈! 얼굴의 근육은 경련을 일으킨 듯이 실룩거리기

---

*＊ 영구(靈柩)　시체를 넣은 관.

시작한다. 어깨가 떨리고 이어서 온몸이 와들와들 떨리더니, 그 눈에서 참고 깨물었던 눈물이 터져 내린다. 무쇠를 녹이는 듯한 뜨거운 눈물이 구곡간장*으로부터 끓어오르는 것이다.

"여, 여, 영신 씨!"

그는, 무릎을 금시 꺾어진 것처럼 꿇으며, 관머리를 얼싸안는다. 그 광경을 보자 식장 안에서는 다시금 흑흑 흐느끼는 소리가 여기저기서 들렸다.

최후의 일인

동혁은 관 모서리에 얼굴을 비비며, 연거푸 사랑하는 사람의 이름을 불렀다.

"영신 씨, 영신 씨! 내가 왔소. 여기 동혁이가 왔소!"

하고 목이 메어 부르나, 대답은 있을 리 없는데, 눈물에 어린 탓일까 관 뚜껑이 소리 없이 열리며 면사포와 같은 하얀 수의를 입은 영신이가 미소를 띠며 부스스 일어나 팔을 벌리는 것 같다.

이러한 환각에 사로잡히는 찰나에, 동혁은 당장에 뛰어나가서 도끼라도 들고 들어와 관을 뻐개고, 시체를 끌어안고 싶은 충동을 받았다. 그는 가슴 벅차게 용솟음치는 과격한 감정을 발뒤꿈치로 누룩을 디디듯이 이지의 힘으로 꽉꽉 밟았다. 어찌나 원통하고 모든 일이 뉘우쳐지는지, 땅바닥을 땅땅 치며 몸부림을 하여도 시원치 않을 것 같건만, 여러 사람 앞에서 그다지 수통스러이* 굴 수도 없었다. 다만 한 마디,

"왜 당신은, 일하는 것밖에, 좀더 다른 허영심이 없었더란 말요?"

하고 꾸짖듯 하고는 한참이나 엎드려 떨리는 가슴을 진정하다가,

---

* 구곡간장(九曲肝腸) 깊은 마음 속.
* 수통스러이 수치스럽고 분하게.

'영신 씨 같은 여자도 이런 자리에서 남에게 눈물을 보이나요?'

라고, 경찰에서 마지막 만났을 때 제 입으로 한 말이 문득 생각이 나서 주먹으로 눈두덩을 비비고 벌떡 일어섰다. 그는 다시 관머리를 짚고, 기도를 올리는 것처럼 침묵하다가 바로 영신의 귀에다 대고 말을 하듯이 머리맡을 조금씩 흔들면서,

"영신 씨 안심하세요. 나는 이렇게 꿋꿋하게 살아 있소이다. 내가 죽는 날까지 당신이 못다하고 간 일까지 두 몫을 하리다!"

하고 새로운 결심과 영결의 인사를 겸쳐 한 뒤에, 여러 사람과 함께 관머리를 들고 앞서 나와서, 조심스러이 상여*에 옮겼다.

영신의 육신은 영원한 안식처를 향하여 떠나려 한다.

동혁의 기념품인 학원의 종을 아침 저녁으로 치던 사람의 상여머리에서 요령 소리가 땡그랑땡그랑 울린다. 상여는 청년들이 멨는데, 수백 명이나 되는 아이들과 부인들과 동민이 가득 들어선 속에서, 다시금 울음소리가 일어났다. 아이들은 장강목*에 조롱조롱 매달려 제 힘껏 버티어서, 상여도 차마 못 떠나겠다는 듯이 뒷걸음을 친다.

앞채*를 꿇어 쥐던 동혁은 엄숙한 얼굴로 여러 사람의 앞으로 나섰다.

"여러분!"

조상 온 사람 전체를 향해서 외치는 목소리는 여전히 우렁차다.

"여러분! 이 채영신 양은 연약한 여자의 몸으로 농촌의 개발과 무산 아동의 교육을 위해서 너무나 과도히 일을 하다가 둘도 없는 생명을 바쳤습니다. 완전히 희생했습니다. 즉, 오늘 이 마당에 모인 여러분을 위해서 죽은 것입니다."

---

* 상여(喪輿) 사람의 시체를 묘지까지 나르는 장례 도구.

* 장강목(長江木) 길고 굵은 멜대. 물건을 가운데 올려놓거나 매달고, 앞뒤로 사람이 들어서서 메게 됨.

* 앞채 가마 · 상여 등의 앞에서 메는 채.

하고 한층 더 언성을 높여,

"지금 여러분에게 바친 채 양의 육체는 흙보탬을 하려고 떠나갑니다. 그러나 이분이 끼쳐 준 위대한 정신은 여러분의 머릿속에 살아 있을 것입니다. 저 아이들의 조그만 골수에도 그 정신이 박혔을 겝니다."

하고는, 손길을 마주 모으고 서고, 혹은 머리를 떨어뜨리고 듣는 여러 청중들 앞으로 한 걸음 더 나서며,

"그러나 여러분, 조금도 서러워하지 마십시오. 이 채 선생은 결단코 죽지 않았습니다. 살과 뼈는 썩을지언정 저 가엾은 아이들과 가난한 동족을 위해서 흘린 피는 벌써 여러분의 혈관 속에 섞였습니다. 지금 이 사람의 가슴 속에서도 그 뜨거운 피가 끓고 있습니다!"

하고 주먹으로 제 가슴 한복판을 친다. 여러 사람의 머리 위로는 감격의 물결이 사리* 때의 조수와 같이 밀리는 듯……. 서울서 온 백현경은 몇 번이나 안경을 벗어서 저고리 고름으로 닦았다.

동혁은 목소리를 낮추어,

"사사로운 말씀은 하지 않겠습니다마는 나는 이 청석골에서 사랑하던 사람의 사업을 당분간이라도 계속하고 싶습니다. 만일 여러분이 이 변변치 못한 사람이나마 소용이 되신다면 모든 것을 버리고 이 길을 밟는 것이 나 개인에게도 가장 기쁜 의무일 줄로 생각합니다."

말이 끝나자, 청년들은 상여를 메고 선 채 박수를 하였다.

장사가 끝난 뒤에, 백현경과 장래의 일을 의론하며 산에서 내려왔던 동혁은, 황혼에 몸을 숨기고 홀로 영신의 무덤으로 올라갔다.

이른 봄 산기슭으로 스며드는 저녁 바람은 소름이 끼칠 만큼 쌀쌀하다. 그러나 그는 추운 줄을 몰랐다. 머리 위에서 새파란 광채를 흘리며

---

* 사리 음력 보름과 그믐날에 바닷물이 가장 높이 들어오는 때.

반짝거리는 외따른 별 하나를 우러러보고 섰으니까, 극도의 슬픔과 원한에 사무쳤던 동혁의 머리는 차츰차츰 식어 가는 것 같다. 마음이 가라앉는 대로, 사람의 생명의 하염없음과 인생의 무상함을 새삼스러이 느꼈다.

'그만 죽을 걸, 그다지도 애를 썼구나!'

하니, 세상 만사가 다 허무하고 무덤 앞에 앉은 저 자신도 판결을 받은 죄수처럼, 언제 어느 때 죽음의 사자에게 덜미를 잡혀 갈는지? 제 입으로 숨쉬는 소리를 제 귀로 들으면서도, 도무지 살아 있는 것 같지가 않다.

'수수께끼다! 왜 무엇 하러 뒤를 이어 나고, 뒤를 이어 죽고 하는지 모르는 인생……. 요컨대 영원히 풀어 볼 수 없는 수수께끼에 지나지 못한다.'

'내가 이 채영신이란 여자와 인연을 맺었던 것도, 결국은 한바탕 꾸어 버린 악몽이다. 이제 와서 남은 것은 깨어진 꿈의 한 조각이 아니고 무엇이냐.'

될 수 있는 대로 인생을 명랑하게 보려고 노력하여 오던 동혁이건만 너무나 뜻밖에 사랑하는 사람의 죽음을 눈앞에 보고는 회의*와 일종 염세*의 회색 구름에 온몸이 에워싸이는 것이다.

'별은 왜 저렇게 무엇이 반가워서 반짝거리느냐. 뻐꾹새는 무엇이 서러워서 밤 깊도록 저다지 청승맞게 우느냐. 영신은 왜 무엇 하러 나왔다 죽었고, 나는 왜 무엇 하러 이 무덤 앞에 올빼미처럼 두 눈을 끔벅거리고 쭈그리고 앉았느냐. 생각하면 생각할수록 그 까닭을 알 수 없다. 순환 소수와 같이 쪼개 보지 못하는 채, 사사오입을 하는 것이 인생 문제일까? 쳇바퀴를 돌리는 다람쥐 모양으로, 까닭도 모르고 또한 아무 필요도 없이, 제자리에서 맴을 돌며 허위적거리는 것이 인

＊ 회의(懷疑) 의심을 품음.
＊ 염세(厭世) 세상을 괴롭고 비관적인 것으로 생각하고 싫어함.

생의 길일까? 오직 먹기를 위해서, 씨를 퍼뜨리기 위해서, 땀을 흘리고 피를 흘리고 서로 쥐어뜯고 싸우고 잡아먹지를 못해서 앙앙거리고 발버둥질을 치다가, 끝판에는 한 삼태기의 흙을 뒤집어 쓰는 것이 인생의 본연한 자태일까?

동혁의 머릿속은 천 갈래로 찢기고 만 갈래로 얽혀져 갈피를 잡을 수가 없다.

그는 가슴이 무엇에 짓눌리는 것처럼 답답해서 벌떡 일어났다. 팔짱을 끼고 제절* 앞을 왔다갔다하다가, 봉분의 주위를 돌았다. 열 바퀴를 돌고 스무 바퀴를 돌았다. 그러다가 무덤을 베개 삼고 쓰러지며, 하늘을 쳐다본다. 별은 그 수가 부쩍 늘었다. 북두칠성은 금강석을 바수어서 끼얹은 듯이 찬란히 빛나고 있다. 그 중에도 큰 별 몇 개는 땅 위의 인간들을 비웃듯이 눈웃음을 치는 것 같다. 동혁은 그 별을 향해서 침이라도 탁 뱉고 싶었다.

그러다가 그는 생각을 홱 뒤집었다.

'그렇다. 인생 문제는 그 자체인 인생의 머리로 해결을 짓지 못한다. 인류의 역사가 있은 후, 수많은 철학자와 사상가와 예술가가 머리를 썩이다가 해결의 실마리를 잡아 보지 못한 문제다. 그것을 손쉽게 풀어 보려고 덤비는 것부터 망령된 짓이다.'

하고는 단념을 해 버린 뒤에,

'그렇지만 채영신이가 죽은 것과 같이, 박동혁이가 살아 있는 것도 사실이다. 정신병자가 아닌 다음에야 누구나 부인할 수 없는 엄연한 현실이다. 그러니 우리가 생명이 있는 동안은 값이 있게 살아 보자! 산 보람이 있게 살아 보자! 구차하게 살려는 것도 어리석은 일이지만 이미 타고난 목숨을 제 손으로 끊어 버리는 것도 또한 어리석은 일이

---

* 제절 무덤 앞에 평평하게 만들어 놓은 땅.

다.'

하고, 영신이가 반은 자살한 것처럼 생각도 하여 보았다.

'일을 하자! 이 영신이와 같이 죽는 날까지 일을 하자! 인생의 고독과 고민을 잊어버리기 위해서라도, 일을 해야만 한다. 사랑하던 사람의 사업을 뒤를 이을 사람은 나밖에 없다. 울어 주고 서러워해 주는 것보다 내가 청석골로 와서 자기가 끼친 사업을 계속해 준다면, 그의 혼백이라도 오죽이나 기뻐할까. 든든히 여길까. 일에 바쁜 꿀벌은 슬퍼할 겨를도 없다는 격언이 있지 않은가.'

하고 몇 번이나 생각을 뒤집었다.

'그럼, 우리 한곡리는 어떡하나? 흐트러진 진영을 수습할 사람도 없는데……'

동혁은 다시금 당황하지 않을 수 없었다.

동혁은 앞으로 해 나갈 일을 궁리하기보다도 우선 저의 신변이 몹시 외로운 것을 느꼈다. 애인의 무덤을 홀로 앉아 지키는 밤. 그 밤도 깊어 가서 저의 숨소리조차 듣기에 무서우리 만큼이나 온 누리는 괴괴한데 추위와 함께 등허리에 오싹오싹 소름이 끼치게 하는 것은 형용할 수 없는 고독감이다.

처음부터 서로 믿고 손이 맞아서, 일을 하여 오던 동지에게 배반을 당하고, 부모의 골육을 나눈 단지 한 사람인 친동생은 만리 타국으로 탈주한 후 생사를 알 길 없는데, 목숨이 끊어지는 날까지 저의 반려를 삼아 한 쌍의 수리와 같이 이 세상과 용감히 싸워 나가려던 사랑하던 사람조차 죽음으로써 영원히 이별한 동혁은 외로웠다. 무변 대해에서 키를 잃은 쪽배와도 같고, 수백 길이나 되는 절벽 아래서 격랑에 부딪히는 불꺼진 등대만큼이나 외로웠다. 무한히 외로웠다.

그러나 한참 만에 동혁은 무거운 짐이나 부린 모군꾼처럼,

"휘유——."

하고 한숨을 길게 내쉬었다. 다시 마음을 돌이켜보니, 저의 일신이 홀
가분한 것도 같았던 것이다.

'채영신만한 여자를 두 번 다시 만나지 못할진댄, 차라리 한평생 독
신으로 지내리라. 아무 데도 얽매이지 않는 몸을 오로지 농촌 사업에
다만 바치리라.'

하고 일어서면서도, 차마 무덤 앞을 떠나지 못하는데 멀리 눈 아래에서
등불이 올라오는 것이 보였다. 원재와 다른 청년들이 동혁을 찾아 돌아
다니다가 혹시 산소에나 있나 하고 떼를 지어 올라오는 것이었다.

동혁은 잠자코 청년들의 뒤를 따라 내려왔다. 장로의 집에 잠시 들러
곤해서 쓰러진 백현경을 일으키고 몇 마디 앞일을 의론해 보았다. 백
씨는 여전히 값비싼 화장품 냄새를 풍기며, 종아리가 하얗게 내비치는
비단 양말을 신은 것이 불쾌해서, 동혁은 될 수 있는 대로 외면을 하고
그의 의견을 들었다.

"여기 일은 우리 '연합회 농촌 사업부'에서 시작한 게니까, 속히 후
임자를 한 사람 내려보내서, 사업을 계속하기로 작정했어요. 영신이
만할 수야 없겠지만 나이도 지긋하고 퍽 진실한 여자가 한 사람 있으
니까요."

하는 것이 그 대답이다. 동혁은 더 묻지 않았다. 부탁 비슷한 말도 하기
싫어서,

"그럼 나도 안심하겠소이다."

하고 원재네 집으로 내려왔다. 영결식장에서 여러 사람 앞에 선언한 대
로, 당분간이라도 청석골에 머물러 있어 뒷일을 제 손으로 수습해 주고
싶은 생각은 간절하였다. 그러나 이미 후임자까지 내정이 되고 진실한
사람이 온다는데, 부득부득 '나를 여기 있게 해 주시오.' 할 수도 없는
형편이었다.

영신이가 거처하던 원재네 집 텅 빈 건넌방에서 하룻밤을 드새자니, 동혁은 참으로 무량한 감개에 몸 둘 바가 없었다. 앉았다 누웠다 엎치락뒤치락하다가,

'세상 모르도록 술이나 취해 봤으면……'

하고 난생 처음으로 술 생각까지 해 보는데, 원재가 저의 이부자리를 안고 건너왔다.

두 사람은 형제와 같이 나란히 누워서 불을 끈 뒤에도 두런두런 이야기를 하였다. 동혁은,

"나는 새로 온다는 여자보다도 원재를 믿고 가네. 나도 틈이 있는 대로 와서 보살펴 주겠지만 조금도 낙심 말고 일을 해 주게!"

하고 신신당부를 하였다. 원재도,

"채 선생님 영혼이 우리들한테 붙어 댕기시는 것 같아서, 일을 안 하려야 안 할 수가 없겠에요."

하고 끝까지 잘 지도를 해 달라는 말에 동혁은 이불 속에서 나 어린 동지의 손을 더듬어 꽉 쥐어 주었다.

닭은 두 홰를 울고 세 홰를 울었다. 그래도 동혁은 이 방에서 마지막 숨을 거두던 사람과 지내 오던 일이 너무나 또렷또렷이 눈앞에 나타나서 머리만 지끈지끈 아프고 잠은 안 왔다.

그러다가 어렴풋이 감기는 눈앞에서, 뜻밖에 이러한 글발이 나타났다. 청석 학원 낙성식 때에, 식장 맞은편 벽에 영신이가 써 붙였던 슬로건 같은 글발이, 비문처럼 천장에 옴폭옴폭하게 새겨지는 것이었다.

과거를 돌아다보고 슬퍼하지 말라.
그 시절은 결단코 돌아오지 아니할지니,
오직 현재를 의지하라. 그리하여 억세게,
사내답게 미래를 맞으라!

이튿날 아침 동혁은 산소로 올라가서,

　'당신이 못다 한 일과 두 몫을 하겠다.'

고 맹세한 것을 이제부터 실행하겠다는 말을 다시 한 번 자신 있게 한 뒤에, 홱 돌아서서 그 길로 내쳐 걸어 한곡리로 향하였다. 그러나 시꺼 먼 눈썹이 숱하게 난 그의 양미간은, 생목이 도끼에 찍힌 그 흠집처럼 찌푸려졌다. 아마 그 주름살만은 한평생 펴지지 못하리라.

　어머니의 병이 염려는 되었으나, 그는 바로 집으로 가기가 싫어서 역 로에 몇 군데 모범촌이라고 소문난 마을을 들렀다.

　어느 곳에서는 농업 학교를 졸업하고 돌아온 청년이 오막살이 한 채 를 빌려 가지고 혼자서 야학을 시작한 곳이 있고, 어떤 마을에서는 제 법 크게 차리고 여러 해 동안 한글과 여러 가지 과정을 강습해 내려오 다가 당국과 말썽이 생겨 강습소 인가를 취소당하고 구석구석이 도둑 글을 가르치는 것을 보았다. 한곡리서 오십 리쯤 되는, 장거리에서 멀지 않은 촌에서는 청년이 서너 명이나 보수 한 푼 받지 않고 삼 년 동안 주 야학을 겸해서 하는 곳이 있는데 그들은 겨우내 두루마기도 못 얻어 입 고, 동저고리 바람으로 손끝을 호호 불어 가며 교편을 잡는 것을 볼 때,

　'우리는 편하게 지냈구나.'

하는 감상이 들었다. 그는 그러한 지도 분자들과 굳게 악수를 하고, 하 룻밤씩 같이 자면서 의견을 교환하고 새로운 방침을 토론도 하였다. 어 느 곳에 가나,

　'지금 우리의 형편으로는 계몽적인 문화 운동도 해야 하지만 무슨 일 에든지 토대가 되는 경제 운동이 더욱 시급하다.'

는 것을 역설하고 저의 경험을 이야기하였다. 그러는 동시에 그는,

　'이제부터 한곡리에만 들어앉았을 게 아니라 다시 일에 기초가 잡히기 만 하면, 전 조선의 방방곡곡으로 돌아다니며 널리 듣고 보기도 하고, 또는 내 주의와 주장을 세워 보리라. 그네들과 긴밀한 연락을 취해서

같은 정신과 계획 아래서 농촌 운동을 통일시키도록 힘써 보리라.'

하니, 어느 구석에선지 새로운 기운이 솟아오르는 것을 느꼈다. 남들이 그러한 고생을 달게 받으며, 굽히지 않고 일을 하는 것을 실지로 보니 동혁은 한곡리서 처음으로 일을 시작할 때의 생각이 바로 어제인 듯이 났다. 동시에 옛날의 동지가 불현듯이 보고 싶었다. 일체의 과거를 파묻어 버리고 새로운 길을 개척해 나아가려는 생각이 굳을수록 동지들의 얼굴이 몹시도 그리워졌다.

'건배를 찾아가 보자.'

지난날의 경우는 어찌 되었든 맨 먼저 생각나는 사람이 건배였다. 보고만 싶은 게 아니라 제가 감옥에 있는 동안 박봉 생활을 하는 사람이 두 번이나 적지 않은 돈을 부쳐 준 치사도 할 겸, 그가 일을 보는 군청으로 찾아갔다.

그러나 건배는 군청에도, 거기서 멀지 않은 사글세로 들어 있는 그의 집에도 없었다.

건배의 아내와 아이들은 반겼으나,

"엊저녁에 한곡리까지 다녀올 일이 있다고 자전거를 타고 가서 여태 안 들어왔어요."

하는 것이 그의 대답이었다.

'무슨 일일까? 나를 찾아가지나 않았나?'

하고 동혁은 일어서는데 안주인이 한사코 붙들어서 더운 점심을 대접받으며 지내는 형편을 들었다.

"노루꼬리만한 월급에 그나마 반은 술값으로 나가서 어렵긴 매일반이에요. 일구월심에 다시 한곡리에 가서 살 생각만 나요. 굶어도 제 고장에서 굶는 게 맘이나 편하죠."

건배의 아내는 당장에 따라 일어서고 싶은 눈치였다. 그러나 동혁은 그와 의형제까지 한 사이를 알면서도 영신의 죽음은 짐짓 말하지 않았

다. 그가 영신의 소식을 묻고 혼인 때는 꼭 청해 달라는 부탁을 받을 때,

"네에 청하고말고요."

하고 쓰디쓴 웃음을 웃어 보였다.

한곡리가 십 리쯤 남은 주막 근처까지 왔을 때였다. 자전거를 끌고 고개를 넘는 양복쟁이와 마주치자, 동혁은,

"여어, 건배 군 아닌가?"

하고 손을 들었다.

"요오, 동혁이!"

키장다리 건배는 자전거를 내던지고 달려들어, 동혁의 어깨를 끌어 안는다. 피차에 눈을 꽉 감고 잠시 말이 없다가,

"이게 얼마 만인가?"

"어디로 해 오는 길인가?"

하고 동시에 묻고는, 함께 대답이 없다.

"아무튼 저 집으로 좀 들어가세."

건배는 동혁을 끌고 주막으로 들어갔다.

"아, 신문에까지 났데만, 영신 씨가 온 그런……."

건배는 대뜸 동혁의 가슴 속의 가장 아픈 구석을 찌르고도 말끝을 맺지 못한다. 동혁은 손을 들어,

"우리 그 사람의 말은 입 밖에도 내지 마세. 제에발 그래 주게!"

하고 손을 들어 친구의 입을 막았다.

건배는 머리를 떨어뜨리고 있다가, 한숨 섞어,

"그렇지, 남자한테는 사랑이 그 생활의 전부가 아니니까……. 하지만 어디 그이하고야 단순한 연애 관계뿐이었나? 참 정말 아까운……."

하는데,

"글쎄 이 사람 그만둬!"

하고 동혁은 성을 더럭 내었다.

두 친구는 말머리를 돌렸다. 둘이 서로 집을 찾아갔더라는 것과 그 동안에 적조*했던 이야기를 대강 하는데 청하지도 않은 술상이 들어왔다. 건배는,

"나 오늘은 술 안 먹겠네."

하고 막걸리 보시기를 폭삭 엎어 놓더니, 각반 친 다리만 문지르며 말 꺼내기를 주저하다가,

"자네 그 동안 한곡리에서 변사*가 생긴 줄은 모르지?"

한다.

"아아니? 무슨 변사?"

동혁의 눈은 둥그레졌다.

"그저께 강기천이가 죽었네!"

"뭐? 누가 죽어?"

동혁은 거짓말을 듣는 것 같았다.

"사실은 강기천이 조상을 갔다 오는 길일세."

하고 건배는, 듣고 본 대로 놀라운 소식을 전한다.

기천이는 연전부터 주막 갈보에게 올린 매독을 체면상 드러내 놓고 치료를 못하다가 술 때문에 갑자기 더쳐서 쩔쩔매던 중, 그 병에는 수은을 피우면 특효가 있다는 말을 곧이듣고 비밀히 구해다가 서너 돈쭝씩이나 콧구멍에다 피웠다.

그러다가 급작스레 고만 중독이 되어서 온몸이 시퍼레 가지고 저 혼자 팔팔 뛰다가 방구석에 머리를 틀어박고는 이빨만 빠드득빠드득 갈다가 고만 뻐드러졌다는 것이다.

동혁은,

---

* 적조(積阻) 서로 오랫동안 소식이 막힘.
* 변사(變死) 뜻밖의 변고로 죽음.

"흥, 저도 고만 살걸."

하고 젓가락도 들지 않은 술상을 들여다보며, 아무런 감상도 더 입 밖에 내지를 않았다.

건배는 마코*를 꺼내 붙이며,

"가 보니, 아주 난가*데, 난가야. 한데 형이 죽은 줄도 모르는 '건살포'는 서울서 웬 단발한 계집을 데리고 왔네그려. 마침 쫓겨 갔던 본처가 시아주범 통부*를 받고 왔다가, 외동서끼리 마주쳐서 송장은 뻗쳐 놓고 대판으로 쌈이 벌어졌는데, 참 정말 구경할 만하데."

하고 여전히 손짓을 해 가며 수다를 늘어놓는다. 동혁은 고개만 끄덕이며 듣다가,

"망할 건 진작 망해야지."

할 뿐이었다. 그러다가 한참 만에,

"그런데 자넨……."

하고 전보다도 두 볼이 더 여윈 건배의 얼굴을 유심히 쳐다보다가,

"자네 그 노릇을 오래 할 텐가?"

하고 묻는다. 건배는 그런 말 꺼내기를 기다렸다는 듯이,

"고만 집어치우겠네. 이 연도 말까지만 다니고 먹거나 굶거나 한곡리로 다시 가겠네. 되레 빚만 더끔더끔* 지게 돼서 고만둔다는 것보다도 아니꼽고 눈꼴 틀리는 거 많아서 이젠 넌덜머리가 났네."

하고 담배 연기를 한숨 섞어 내뿜으며,

"월급 푼에 목을 매다느니보다는 정든 내 고장에서 동네 사람이나 아이들의 종 노릇을 하는 게 얼마나 맘 편하고 사는 보람이 있는 걸 인제야 절실히 깨달았네."

＊ 마코 일제 시대 담배의 한 상표.
＊ 난가(亂家) 말썽이 많은 화목하지 못한 집안.
＊ 통부(通訃) 사람의 죽음을 알림.
＊ 더끔더끔 더한 위에 또 더하는 모양.

하고 진정을 토한다.

그 말에 동혁은 벌떡 일어서며,

"자아 그럼, 우리 일터에서 다시 만나세! 나는 지금 자네가 한 말을 다시 한 번 믿겠네."

하고 맨 처음 일을 시작했을 때처럼 굳게굳게 건배의 손을 쥐었다.

"염려 말게. 자넬랑은 벌판의 모래보다 한 줌의 소금이 되어 주게!"

건배도 잡힌 손을 되잡아 흔들었다.

아무리 지루하던 겨울도 한 번 지나만 가면 봄은 기다리지 않아도 저절로 닥쳐온다.

반가운 손님은 신 끄는 소리를 내지 않듯이, 자취 없이 걸어오기로서니, 얼어붙었던 개천 바닥을 뚫고, 졸졸졸 흐르는 물소리를 듣고, 말랐던 나뭇가지에서 새 움이 뾰족뾰족 솟아나는 것을 볼 때, 뉘라서 새 봄이 오지 않았다 하랴.

동혁은 신작로 가에서 잔디 속잎이 파릇파릇해진 것을 비로소 보았다. 미루나무 껍질을 손톱 끝으로 제겨 보니*, 벌써 물이 올라서, 나무하는 아이들의 피리 소리도 머지 않아 들릴 듯,

"인제 완구히 봄이로구나!"

한 마디가 저도 모르는 사이에 새어 나왔다.

그는 논둑으로 건너서며 발을 탁탁 굴러 보았다. 흠씬 풀린 땅바닥은 우단 방석을 딛는 것처럼 물씬물씬하다.

동혁은 가슴을 붕긋이 내밀며, 숨을 깊다랗게 들이마셨다. 마음의 들창이 활짝 열리며, 그리고 훈훈한 바람이 쏟아져 들어오는 듯, 그는 다시 속 깊이 서려 있는 묵은 시름과 함께,

---

* 제겨 보다 조금씩 힘을 가볍게 주어 톡톡 깎다.

"후 ——."

하고 마셨던 바람을 기다랗게 내뿜었다.

화로에 꺼졌던 숯불이 발갛게 피어난 방 속같이 온몸이 후끈해지는 것을 느꼈다.

동혁이가 동리 어구로 들어서자, 맨 먼저 눈에 띄는 것은 불그스름하게 물들은 저녁 하늘을 배경 삼고, 언덕 위에 우뚝우뚝 서 있는 전나무와 소나무와 향나무들이었다. 회관이 낙성되던 날, 그 기쁨을 영원히 기념하기 위해서 회원들과 함께 파다 심은 상록수들이 키돋움을 하며 동혁을 반기는 듯,

"오오, 너희들은 기나긴 겨울에 그 눈바람을 맞고도 싱싱하구나! 저렇게 시푸르구나!"

동혁의 걸음은 차츰차츰 빨라졌다.

숨가쁘게 잿배기를 넘으려니까, 회관 근처에서 '애향가'를 떼를 지어 부르는 소리가 바람결을 타고 웅장하게 들려오는 듯하여서 그는 부지중에 두 팔을 내저었다.

그러고는 동리의 초가집들을 내려다보며, 오랫동안 떠나 있던 주인이 저의 집 대문으로 들어서는 것처럼,

"에헴 에헴!"

하고 골짜기가 울리도록 기침을 하였다.

그의 눈에는 회관 앞마당에 전보다 몇 곱절이나 빽빽하게 모여선 회원들이 팔다리를 벌렸다 오므렸다 하며 체조를 하는 광경이 보였다.

그는 고개를 돌리고 눈을 끔벅하고 감았다가 떴다. 이번에는 훤하게 터진 벌판에 물이 가득히 잡혔는데, 회원이 오리떼처럼 논바닥에 가 하얗게 깔려서, 일제히 '이앙가*'를 부르며 모를 심는 장면이 망원경을

---

* 이앙가(移秧歌) 모내기 노래.

대고 보는 듯이 지척에서 보였다.

　동혁은 졸지에 안계가 시원해졌다. 고향의 산천이 새삼스러이 아름다워 보여서 높은 멧부리에서부터 골짜기까지, 산허리를 한바탕 떼굴떼굴 굴러 보고 싶었다.

　앞으로 가지가지 새로이 활동할 생각을 하며 걷자니, 그는 제풀에 어깻바람이 났다. 회관 근처까지 다가온 동혁은 누가 등 뒤에서,

　"엇둘! 엇둘!"

하고 구령을 불러 주는 것처럼 다리를 쭉쭉 내뻗었다.

　상록수 그늘을 향하여 뚜벅뚜벅 걸었다.

모심기

부록

작가와 작품 스터디

● 심훈 (1901~1936)

 심훈은 서울에서 삼남 일녀 중 막내로 태어났다. 본
명은 대섭이며, 훈이라는 이름은 1926년 〈동아 일보〉에
〈탈춤〉을 연재할 때부터 쓰기 시작했다.

15세 때 경성 제일 고등 보통 학교에 입학했으며, 4
학년이던 1919년에 3 · 1 운동에 가담했다. 이 일로 체
포되어 옥고를 치르다가 7월에 집행 유예로 풀려났다. 투옥 당시 옥중에
서 몰래 쓴 편지인 '어머님께 올린 글월'에는 19세 소년의 순수한 열정과
이상이 잘 드러나 있다.

이후 문학의 길을 걷기로 결심한 심훈은, 20세 때 중국 유학길에 올라
상하이의 지강 대학 극문학부에 입학했다. 이 때 배운 것들은 훗날 극 예
술에 관심을 가지고 작품을 쓰는 계기가 되었다.

귀국하여 우리 나라 최초의 영화 소설인 〈탈춤〉을 동아 일보에 연재하
기 시작하면서부터 영화인으로 데뷔했다. 이듬해 봄에는 일본으로 건너가
영화 제작 현장을 따라다니며 영화 공부를 하고, 6개월 만에 귀국하여 〈먼
동이 틀 때〉를 각색 · 감독하여 단성사에서 개봉하였다.

그 뒤로 시 〈그 날이 오면〉, 장편 〈영원의 미소〉 · 〈직녀성〉, 단편 〈황공
의 최후〉를 비롯한 많은 작품을 발표했다. 1935년에는 그의 대표작으로
꼽히는 장편 〈상록수〉가 〈동아 일보〉 창간 15주년 기념 현상 모집에 당선
되었으며, 이 때 받은 상금으로 '상록 학원'을 세웠다. 이듬해인 1936년에
는 우리 나라 최초로, 펄벅의 소설인 〈대지〉를 번역하여 소개하기도 했다.

문학에 대한 열정과 재능을 아울러 지니고 있었던 그는, 1936년 장티푸
스에 걸려 36세의 젊은 나이로 사망했다. 검열에 걸려 출판되지 못했던 그
의 시집 〈그 날이 오면〉은 1949년에야 비로소 세상의 빛을 볼 수 있었다.

● **상록수**　　이 작품은 근대적인 사고관을 가진 두 젊은이인 박동혁과 채영신이 농촌 계몽 운동에 뛰어들면서 겪게 되는 고난과 좌절, 사랑 등을 바탕으로 펼쳐져 있다. 고등 농림에 다니는 박동혁은 '기골이 장대하고 눈이 부리부리하며 여러 사람을 억누르는 위엄'을 가진 건장한 청년이다. 한편 여자 신학교 학생인 채영신은, '얼굴에 두드러진 특징은 없어도 두 눈동자에는 인텔리(지식 계급) 여성다운 이지가 샛별처럼 빛나는' 여성이다.

동혁과 영신은 신문사에서 주최하는 농촌 계몽 운동 보고회에서 만나, 서로 같은 생각을 가지고 있음을 알게 된다. 그것은 바로, '민중 속으로 뛰어들어서 농민·어민을 위해 한 몸을 희생에 바쳐야만' 우리 민족이 거듭날 수 있다는 생각이었다. 이러한 인연을 계기로 하여 두 젊은 남녀는 서로 사랑하는 사이로 발전하기에 이른다.

학교를 중퇴하고 동혁은 한곡리로 내려가 농우회를 조직하고 밤에는 야학을 실시한다. 그리고 영신은 청석골에 내려가 아이들을 가르치고 부녀회를 조직하여 생활을 개선하기 위한 운동을 펼친다. 그러나 이들의 헌신적인 노력은 많은 난관에 부딪히게 된다. 동혁은 고리 대금업을 하는 강기천의 훼방으로 어려움을 겪어야 했으며, 영신은 주재소의 억압으로 아이들을 가르치는 일에 방해를 받기에 이른다.

그러나 영신은 온갖 어려움 속에서도 포기하지 않고 농촌 계몽 운동을 펼치던 중 과로하여 병을 얻게 된다. 한편, 동혁은 아우의 방화 사건에 연루되어 투옥되었다가 풀려나 청석골을 찾아가게 되지만, 이미 영신은 숨을 거둔 뒤였다. 동혁은 슬픔 속에서도 좌절하지 않고, 죽는 날까지 영신이 못다한 일을 하겠노라고 새로운 각오를 다지며 한곡리로 돌아간다.

이 작품은 실제 인물을 소설화한 것으로, 남주인공 박동혁은 부곡리의 '공동 경작회'를 주동했던 심훈의 조카 심재영을, 여주인공 채영신은 최용신이라는 여성을 모델로 해서 씌어졌다. 1930년대 민족 운동의 방향은 일제의 탄압에 의해 농촌 계몽 운동으로 바뀌었는데, 〈상록수〉는 그러한 시대의 흐름과 요구를 잘 보여 주는 작품이다.

논술 가이드

다음은 영신이 신문사에서 주최한 농촌 계몽 운동 보고회에서 연설하는 대목입니다. 제시문을 읽고 다음 문제에 답하시오.

[문항 1]

> "그렇지만 저 역시 여러분께 우리 계몽대의 운동이 글자를 가르치는 데만 그치지 말고, 한 걸음 더 나아가서 우리 민족의 거의 전부라고 할 만한 절대 다수인 농민들의 갈 길을 열어 주기 위해서 우선 그네들에게 희망의 정신을 넣어 주자는……."
>
> 하다가 상막해서 잠시 이름을 생각해 보더니,
>
> "……박동혁 씨의 의견은 저도 전적 동감입니다!"
>
> 하고 남학생 편으로 고개를 돌린다.
>
> "여러분은 학교를 졸업하면 양복을 갈아 붙이고 의자를 타고 앉아서 월급이나 타 먹으려는 공상부터 깨뜨려야 합니다. 우리 남녀가 총동원을 해서 머리를 동쳐매고 민중 속으로 뛰어들어서 우리의 농촌·어촌·산촌을 붙들지 않으면, 그네들을 위해서 한 몸을 희생에 바치지 않으면, 우리 민족은 영원히 거듭나지 못합니다!"

(1) 이 대목을 통해 동혁과 영신의 생각을 잘 엿볼 수 있습니다. 두 사람이 농촌 계몽 운동에 대해 품고 있는 공통된 생각이 무엇인지 서술해 봅시다.

첫번째 대목은 동혁이 백씨를 향해 하는 말이고, 두 번째는 영신이 동혁의 말을 떠올리며 하는 말입니다. 제시문을 읽고 다음 문제에 답하시오.

[문항 2]

> "취미요? 시골 경치에 취미를 붙인다는 것과 농민들과 똑같은 생활을 해 가면서 우리의 감각까지 그네들과 같아진다는 것과는 딴판이 아닐는지요? 값비싼 향수나 장미꽃의 향기를 맡아 오던 후각이, 거름구덩이 속에서 두엄 썩는 냄새가 밥짖히는 냄새처럼 구수하게 맡아지게까지 돼야만, 비로소 지도자로서의 자격이 생길 줄 알아요. 농촌 운동자라는 간판을 내걸은 사람의 말과 생활이, 이다지 동떨어져서야 되겠습니까?"

> "그렇구말구요. 지도자라구 무슨 감독이나 십장처럼 힘든 일은 남에게 시키구서 뻔뻔스레 놀구 먹으려는 건 아니니까요. 남녀의 구별꺼정두 없이 다 함께 덤벼들어서 일을 해야지요."

(1) 위의 두 대목을 토대로 하여, 올바른 지도자가 취해야 할 태도에 대한 동혁과 영신의 생각을 정리해 봅시다.

----

(2) 우리 주위에서는 크고 작은 무리를 이끄는 많은 지도자를 접할 수 있습니다. 그들이 취해야 할 바람직한 태도에 대한 자신의 의견을 서술해 봅시다.

다음은 주재소에서 영신에게 80명 이상의 학생을 받지 말라는 명령을 내린 뒤에 벌어진 일입니다. 제시문을 읽고 다음 문제에 답하시오.

[문항 3]

> 창 밖을 내다보던 영신은 다시금 콧마루가 시큰해졌다. 예배당을 두른 야트막한 담에는 쫓겨나간 아이들이 머리만 내밀고 쭈욱 매달려서 담 안을 넘겨다보고 있지 않은가. (중략) 영신은 창문을 말끔히 열어젖혔다. 그리고 청년들과 함께 칠판을 떼어 담 밖에서도 볼 수 있는 창 앞 턱에다가 버티어 놓고 아래와 같이 커다랗게 썼다.
>
> "누구든지 학교로 오너라."
> "배우고야 무슨 일이든지 한다."
>
> 나무에 오르고 담장에 매어달린 아이들은 일제히 입을 열어 목구멍이 찢어져라고 그 독본의 구절을 바라다보고 읽는다. 바락바락 지르는 그 소리는 글을 외는 것이 아니라 어찌 들으면 누구에게 발악을 하는 것 같다.

(1) 윗대목을 읽고 어떤 느낌이 들었는지 적어 봅시다.

----

(2) 이 작품이 씌어진 시대에는 배우고자 하는 마음이 있어도 기회가 많지 않았지만, 오늘날에는 배움의 기회가 넘쳐나고 있습니다. 그것을 누리는 현대인의 태도는 어떠한지 떠올려 보고, 그에 대한 자신의 생각을 정리해 봅시다.

다음은 이 작품의 마지막 부분입니다. 제시문을 읽고 다음 문제에 답하시오.
[문항 4]

동혁이가 동리 어구로 들어서자, 맨 먼저 눈에 띄는 것은 불그스름하게 물들은 저녁 하늘을 배경 삼고, 언덕 위에 우뚝우뚝 서 있는 전나무와 소나무와 향나무들이었다. 회관이 낙성되던 날, 그 기쁨을 영원히 기념하기 위해서 회원들과 함께 파다 심은 상록수들이 키돋움을 하며 동혁을 반기는 듯,

"오오, 너희들은 기나긴 겨울에 그 눈바람을 맞고도 싱싱하구나! 저렇게 시푸르구나!"

동혁의 걸음은 차츰차츰 빨라졌다. 숨가쁘게 잿배기를 넘으려니까, 회관 근처에서 '애향가'를 떼를 지어 부르는 소리가 바람결을 타고 웅장하게 들려오는 듯하여서 그는 부지중에 두 팔을 내저었다.

(1) 기나긴 겨울에 눈바람을 맞고도 싱싱한 '상록수'는 단순한 나무의 차원을 뛰어넘어 무언가를 비유하는 상징물로 쓰이고 있습니다. '상록수'가 뜻하는 바를 이 작품이 씌어졌을 당시의 시대적 상황에 비추어 생각해 봅시다.

----

(2) 윗대목에는 이 작품의 주제가 암시적으로 드러나 있습니다. 작가가 전달하고자 하는 주제가 무엇인지 짐작해 봅시다.

〈베스트 논술 한국대표문학〉(전60권) 목록

권별	작품	작가
1	무정 I	이광수
2	무정 II	이광수
3	무명 · 꿈 · 옥수수 · 할멈	이광수
4	감자 · 시골 황 서방 · 광화사 · 붉은 산 · 김연실전 외	김동인
5	발가락이 닮았다 · 왕부의 낙조 · 전제자 · 명문 외	김동인
6	배따라기 · 약한 자의 슬픔 · 광염 소나타 외	김동인
7	B사감과 러브레터 · 서투른 도적 · 술 권하는 사회 · 빈처 외	현진건
8	운수 좋은 날 · 까막잡기 · 연애의 청산 · 정조와 약가 외	현진건
9	벙어리 삼룡이 · 뽕 · 젊은이의 시절 · 행랑 자식 외	나도향
10	물레방아 · 꿈 · 계집 하인 · 별을 안거든 우지나 말 걸 외	나도향
11	상록수 I	심훈
12	상록수 II	심훈
13	탈춤 · 황공의 최후 / 적빈 · 꺼래이 · 혼명에서 외	심훈 / 백신애
14	태평 천하	채만식
15	레디메이드 인생 · 순공 있는 일요일 · 쑥국새 외	채만식
16	명일 · 미스터 방 · 민족의 죄인 · 병이 낫거든 외	채만식
17	동백꽃 · 산골 나그네 · 노다지 · 총각과 맹꽁이 외	김유정
18	금 따는 콩밭 · 봄봄 · 따라지 · 소낙비 · 만무방 외	김유정
19	백치 아다다 · 마부 · 병풍에 그린 닭이 · 신기루 외	계용묵
20	표본실의 청개구리 · 두 파산 · 이사 외 / 모범 경작생	염상섭 / 박영준
21	탈출기 · 홍염 · 고국 · 그믐밤 · 폭군 · 박돌의 죽음 외	최서해
22	메밀꽃 필 무렵 · 낙엽기 · 돈 · 석류 · 들 · 수탉 외	이효석
23	분녀 · 개살구 · 산 · 오리온과 능금 · 가을과 산양 외	이효석
24	무녀도 · 역마 · 까치 소리 · 화랑의 후예 · 등신불 외	김동리
25	하수도 공사 / 지맥 / 그 날의 햇빛은 · 갈가마귀 그 소리	박화성 / 최정희 / 손소희
26	지하촌 · 소금 · 원고료 이백 원 외 / 경희	강경애 / 나혜석
27	제3인간형 / 제일과 제일장 외 / 사랑 손님과 어머니 외	안수길 / 이무영 / 주요섭
28	날개 · 오감도 · 지주 회시 · 환시기 · 실화 · 권태 외	이상
29	봉별기 · 종생기 · 조춘점묘 · 지도의 암실 · 추등잡필	이상
30	화수분 외 / 김 강사와 T교수 · 창랑 정기 · 성황당	전영택 / 유진오 / 정비석

권별	작품	작가
31	민촌 / 해방 전후 · 달밤 외 / 과도기 · 강아지	이기영 / 이태준 / 한설야
32	소설가 구보씨의 일일 / 장삼이사 · 비오는 길 /	박태원 / 최명익
	석공 조합 대표 / 낙동강 · 농촌 사람들 · 저기압	송영 / 조명희
33	모래톱 이야기 · 사하촌 외 / 갯마을 / 혈맥 / 전황당인보기	김정한 / 오영수 / 김영수 / 정한숙
34	바비도 외 / 요한 시집 / 젊은 느티나무 외 / 실비명 외	김성한 / 장용학 / 강신재 / 김이석
35	잉여 인간 / 불꽃 / 꺼삐딴 리 · 사수 / 연기된 재판	손창섭 / 선우휘 / 전광용 / 유주현
36	탈향 외 / 수난 이대 외 / 유예 / 오발탄 외 / 4월의 끝	이호철/ 하근찬/ 오상원/ 이범선/ 한수산
37	총독의 소리 / 유형의 땅 / 세례 요한의 돌	최인훈 / 조정래 / 정을병
38	어둠의 혼 / 개미귀신 / 무진 기행 · 서울 1964년 겨울 외	김원일 / 이외수 / 김승옥
39	뫼비우스의 띠 / 악령 / 식구	조세희 / 김주영 / 박범신
	관촌 수필 / 기억 속의 들꽃 / 젊은 날의 초상	이문구 / 윤흥길 / 이문열
40	김소월 시집	김소월
41	윤동주 시집	윤동주
42	한용운 시집	한용운
43	한국 고전 시가와 수필	유리왕 외
44	한국 대표 수필선	김진섭 외
45	한국 대표 시조선	이규보 외
46	한국 대표 시선	최남선 외
47	혈의 누 · 모란봉	이인직
48	귀의 성	이인직
49	금수 회의록 · 공진회 / 추월색	안국선 / 최찬식
50	자유종 · 구마검 / 애국부인전 / 꿈하늘	이해조 / 장지연 / 신채호
51	삼국유사	일연
52	금오신화 / 홍길동전 / 임진록	김시습 / 허균 / 작자 미상
53	인현왕후전 / 계축일기	작자 미상
54	난중일기	이순신
55	흥부전 / 장화홍련전 / 토끼전 / 배비장전	작자 미상
56	춘향전 / 심청전 / 박씨전	작자 미상
57	구운몽 · 사씨 남정기	김만중
58	한중록	혜경궁 홍씨
59	열하일기	박지원
60	목민심서	정약용

〈베스트 논술 한국대표문학〉에 실린 소설과 교과서 대조표

* 〈베스트 논술 한국대표문학〉에 실린 소설과 현행 국어 · 문학 18종 교과서의 수록 내용을 비교 · 분석하였다.

● 초등 학교 교과서(국어)

> 금오신화, 구운몽, 심청전,
> 흥부전, 토끼전, 박씨전,
> 장화홍련전, 홍길동전

● 국정 교과서

작품	작가	교과목
고향	현진건	고등 학교 문법
동백꽃	김유정	중학교 국어 2-1, 중학교 국어 3-1
벙어리 삼룡이	나도향	중학교 국어 1-1
봄봄	김유정	고등 학교 국어(상)
사랑 손님과 어머니	주요섭	중학교 국어 2-1
오발탄	이범선	중학교 국어 3-1
운수 좋은 날	현진건	중학교 국어 3-1

● 고등 학교 문학 교과서

작품	작품	출판사
감자	김동인	교학, 지학, 디딤돌, 상문
갯마을	오영수	문원, 형설
고향	현진건	두산, 지학, 청문, 중앙, 교학, 문원, 민중, 블랙, 디딤돌
관촌 수필	이문구	지학, 문원, 블랙
광염 소나타	김동인	천재, 태성

금 따는 콩밭	김유정	중앙
금수회의록	안국선	지학, 문원, 블랙, 교학, 대한, 태성, 청문, 디딤돌
김 강사와 T교수	유진오	중앙
까마귀	이태준	민중
꺼삐딴 리	전광용	지학, 중앙, 두산, 블랙, 디딤돌, 천재, 케이스
날개	이상	문원, 교학, 중앙, 민중, 천재, 형설, 청문, 태성, 케이스
논 이야기	채만식	두산, 상문, 중앙, 교학
닳아지는 살들	이호철	천재, 청문
동백꽃	김유정	금성, 두산, 블랙, 교학, 상문, 중앙, 지학, 태성, 형설, 디딤돌, 케이스
두 파산	염상섭	문원, 상문, 천재, 교학
등신불	김동리	중앙, 두산
만무방	김유정	민중, 천재, 두산
메밀꽃 필 무렵	이효석	금성, 상문, 중앙, 교학, 문원, 민중, 블랙, 디딤돌, 지학, 청문, 천재, 케이스
모래톱 이야기	김정한	디딤돌, 교학, 문원
모범경작생	박영준	중앙
뫼비우스의 띠	조세희	두산, 블랙
무녀도	김동리	천재, 지학, 청문, 금성, 문원, 민중, 케이스

작품	작가	출판사
무정	이광수	디딤돌, 금성, 두산, 교학, 한교
무진기행	김승옥	두산, 천재, 태성, 교학, 문원, 민중, 케이스
바비도	김성한	민중, 상문
배따라기	김동인	상문, 형설, 중앙
벙어리 삼룡이	나도향	민중
복덕방	이태준	블랙, 교학
봄봄	김유정	디딤돌, 문원
붉은 산	김동인	중앙
B사감과 러브레터	현진건	교학
사랑 손님과 어머니	주요섭	중앙, 디딤돌, 민중, 상문
사수	전광용	두산
사하촌	김정한	중앙, 문원, 민중
산	이효석	문원, 형설
서울, 1964년 겨울	김승옥	문원, 블랙, 천재, 교학, 지학, 중앙
성황당	정비석	형설
소설가 구보씨의 일일	박태원	중앙, 천재, 교학, 대한, 형설, 문원, 민중
수난 이대	하근찬	교학, 지학, 중앙, 문원, 민중, 디딤돌, 케이스
애국부인전	장지연	지학, 한교
어둠의 혼	김원일	천재
역마	김동리	교학, 두산, 천재, 태성, 형설, 상문, 디딤돌

역사	김승옥	중앙
오발탄	이범선	교학, 중앙, 금성, 두산
요한 시집	장용학	교학
운수 좋은 날	현진건	금성, 문원, 천재, 지학, 민중, 두산, 디딤돌, 케이스
유예	오상원	블랙, 천재, 중앙, 교학, 디딤돌, 민중
자유종	이해조	지학, 한교
장삼이사	최명익	천재
전황당인보기	정한숙	중앙
젊은 날의 초상	이문열	지학
젊은 느티나무	강신재	블랙, 중앙, 문원, 상문
제일과 제일장	이무영	중앙
치숙	채만식	문원, 청문, 중앙, 민중, 상문, 케이스
탈출기	최서해	형설, 두산, 민중
탈향	이호철	케이스
태평 천하	채만식	지학, 금성, 블랙, 교학, 형설, 태성, 디딤돌
표본실의 청개구리	염상섭	금성
학마을 사람들	이범선	민중
할머니의 죽음	현진건	중앙
해방 전후	이태준	천재
혈의 누	이인직	천재, 금성, 민중, 교학, 태성, 청문
홍염	최서해	상문, 지학, 금성, 두산, 케이스
화수분	전영택	태성, 중앙, 디딤돌, 블랙

〈베스트 논술 한국대표문학〉에 실린 시와 교과서 대조표

* 〈베스트 논술 한국대표문학〉에 실린 시와 현행 국어·문학 18종 교과서의 수록 내용을 비교·분석하였다.

작품	작가	출판사
가는 길	김소월	지학, 블랙, 민중
가을의 기도	김현승	블랙
겨울 바다	김남조	지학
고향	백석	형설
국경의 밤	김동환	지학, 천재, 금성, 블랙, 태성
국화 옆에서	서정주	민중
귀천	천상병	지학, 디딤돌
귀촉도	서정주	지학
그 날이 오면	심훈	지학, 블랙, 교학, 중앙
그대들 돌아오시니	정지용	두산
그 먼 나라를 알으십니까	신석정	교학, 대한
껍데기는 가라	신동엽	지학, 천재, 금성, 블랙, 교학, 한교, 상문, 형설, 청문
꽃	김춘수	금성, 문원, 교학, 중앙, 형설
끝없는 강물이 흐르네	김영랑	디딤, 교학
나그네	박목월	천재, 블랙, 중앙, 한교
나룻배와 행인	한용운	문원, 블랙, 대한, 형설
남신의주 유동 박시봉방	백석	지학, 두산, 상문

작품	작가	출판사
남으로 창을 내겠소	김상용	지학, 한교, 상문
내 마음은	김동명	중앙, 상문
내 마음을 아실 이	김영랑	한교
농무	신경림	지학, 디딤, 금성, 블랙, 교학, 형설, 청문
누가 하늘을 보았다 하는가	신동엽	두산
눈길	고은	문원
님의 침묵	한용운	지학, 천재, 두산, 교학, 민중, 한교, 태성, 디딤
떠나가는 배	박용철	지학, 한교
머슴 대길이	고은	디딤돌, 천재
먼 후일	김소월	청문
모란이 피기까지는	김영랑	지학, 천재, 금성, 형설
목계 장터	신경림	문원, 한교, 청문
목마와 숙녀	박인환	민중
바다와 나비	김기림	금성, 블랙, 한교, 대한, 형설
바위	유치환	금성, 문원, 중앙, 한교
별 헤는 밤	윤동주	문원, 민중
봄은 간다	김억	한교, 교학
봄은 고양이로다	이장희	블랙

작품	작가	출판사
불놀이	주요한	금성, 형설
빼앗긴 들에도 봄은 오는가	이상화	지학, 천재, 문원, 블랙, 디딤돌, 중앙
산 너머 남촌에는	김동환	천재, 블랙, 민중
산유화	김소월	두산, 민중
살아 있는 것이 있다면	박인환	대한, 교학
살아 있는 날은	이해인	교학
생명의 서	유치환	한교, 대한
사갈의 마을에 내리는 눈	김춘수	지학, 블랙, 태성
서시	윤동주	디딤돌, 민중
설일	김남조	교학
성묘	고은	교학
성북동 비둘기	김광섭	지학
쉽게 씌어진 시	윤동주	지학, 디딤돌, 중앙
승무	조지훈	지학, 디딤돌, 금성
알 수 없어요	한용운	중앙, 대한
어서 너는 오너라	박두진	디딤돌, 금성, 한교, 교학
오감도	이상	디딤돌, 대한
와사등	김광균	민중
우리가 물이 되어	강은교	지학, 문원, 교학, 형설, 청문, 디딤돌
우리 오빠의 화로	임화	디딤돌, 대한
울음이 타는 가을 강	박재삼	지학, 교학
자수	허영자	교학

작품	작가	출판사
자화상	노천명	민중
절정	이육사	지학, 천재, 금성, 두산, 문원, 블랙, 교학, 태성, 청문, 디딤돌
접동새	김소월	교학, 한교
조그만 사랑 노래	황동규	문원, 중앙
즐거운 편지	황동규	지학, 형설, 청문
진달래꽃	김소월	천재, 태성
청노루	박목월	지학, 문원, 상문
초토의 시 8	구상	지학, 천재, 두산, 상문, 태성
초혼	김소월	디딤돌, 금성, 문원
타는 목마름으로	김지하	디딤돌, 금성, 문원, 민중
풀	김수영	지학, 금성, 민중, 한교, 태성
프란츠 카프카	오규원	천재, 태성
피아노	전봉건	태성
해	박두진	두산, 블랙, 민중, 형설
해에게서 소년에게	최남선	지학, 천재, 금성, 두산, 문원, 민중, 한교, 대한, 형설, 태성, 청문, 디딤돌
향수	정지용	지학, 문원, 블랙, 교학, 한교, 상문, 청문, 디딤돌

〈베스트 논술 한국대표문학〉에 실린 시조와 교과서 대조표

*〈베스트 논술 한국대표문학〉에 실린 시조와 현행 국어 · 문학 18종 교과서의 수록 내용을 비교 · 분석하였다.

작품	작가	출판사
가노라 삼각산아	김상헌	교학, 형설
가마귀 눈비 맞아	백팽년	교학
가마귀 싸우는 골에	정몽주 어머니	교학
강호 사시가	맹사성	디딤돌, 두산, 교학
고산구곡	이이	한교
공명을 즐겨 마라	김삼현	지학
구름이 무심탄 말이	이존오	천재
국화야 너난 어이	이정보	블랙
녹초 청강상에	서익	지학
농암가	이현보	민중
뉘라서 가마귀를	박효관	교학
님 그린 상사몽이	박효관	천재
대추볼 붉은 골에	황희	중앙
도산 십이곡	이황	디딤돌, 블랙, 민중, 형설, 태성
동짓달 기나긴 밤을	황진이	지학, 천재, 금성, 두산, 문원, 교학, 상문, 대한
마음이 어린후니	서경덕	지학, 금성, 블랙, 한교
말없는 청산이요	성혼	지학, 천재
방안에 혔는 촉불	이개	천재, 금성, 교학
백구야 말 물어보자	김천택	지학
백설이 자자진 골에	이색	지학
삭풍은 나무끝에	김종서	중앙, 형설
산촌에 눈이 오니	신흠	지학

작품	작가	출판사
삼동에 베옷 닙고	조식	지학, 형설
산인교 나린 물이	정도전	천재
수양산 바라보며	성삼문	천재, 교학
십년을 경영하여	송순	지학, 금성, 블랙, 중앙, 한교, 상문, 대한, 형설
어리고 성긴 매화	안민영	형설
어부사시사	윤선도	금성, 문원, 민중, 상문, 대한, 형설, 청문
오리의 짧은 다리	김구	청문
오백년 도읍지를	길재	블랙, 청문
오우가	윤선도	형설
이몸이 죽어가서	성삼문	지학, 두산, 민중, 대한, 형설
이시렴 부디 갈다	성종	지학
이화에 월백하고	이조년	디딤돌, 천재, 두산
이화우 흣뿌릴 제	계랑	한교
재너머 성권농 집에	정철	천재, 형설
천만리 머나먼 길에	왕방연	문원, 블랙
청산리 벽계수야	황진이	지학
추강에 밤이 드니	월산대군	천재, 금성, 민중
춘산에 눈녹인 바람	우탁	디딤돌
풍상이 섞어 친 날에	송순	지학, 청문
한손에 막대 잡고	우탁	금성
훈민가	정철	지학, 금성
흥망이 유수하니	원천석	천재, 중앙, 한교, 디딤돌, 대한

〈베스트 논술 한국대표문학〉에 실린 수필과 교과서 대조표

* 〈베스트 논술 한국대표문학〉에 실린 수필과 현행 국어 · 문학 18종 교과서의 수록 내용을 비교 · 분석하였다.

작품	작가	출판사
가난한 날의 행복	김소운	천재
가람 일기	이병기	지학
구두	계용묵	디딤돌, 문원, 상문, 대한
그믐달	나도향	블랙, 태성
꼴찌에게 보내는 갈채	박완서	태성
나무	이양하	상문
나무의 위의	이양하	문원, 태성
낭객의 신년 만필	신채호	두산, 블랙, 한교
딸깍발이	이희승	지학, 디딤돌, 청문
멋없는 세상 멋있는 사람	김태길	중앙
무궁화	이양하	디딤돌
백설부	김진섭	지학, 천재, 형설, 태성, 청문
생활인의 철학	김진섭	지학, 태성
수필	피천득	지학, 천재, 한교, 태성, 청문
수학이 모르는 지혜	김형석	청문
슬픔에 관하여	유달영	문원, 중앙
웃음설	양주동	교학, 태성
은전 한 닢	피천득	금성, 대한
이야기	피천득	지학, 청문
인생의 묘미	김소운	지학
지조론	조지훈	블랙, 한교
청춘 예찬	민태원	금성, 블랙
특급품	김소운	교학
폭포와 분수	이어령	지학, 블랙
피딴 문답	김소운	디딤돌, 금성, 한교
행복의 메타포	안병욱	교학
헐려 짓는 광화문	설의식	두산

베스트 논술 한국대표문학 **12**

상록수 2

지은이 심훈
펴낸이 류성관
펴낸곳 SR&B(새로본닷컴)
주 소 서울특별시 마포구 망원동 463-2번지
전 화 02)333-5413
팩 스 02)333-5418
등 록 제10-2307호
인 쇄 만리 인쇄사

*잘못 만들어진 책은 바꾸어 드립니다.